AF380872

Für alle Fälle

Rezepte für jede Lebenslage

Inhalt

Vorwort

Die Ansprüche an meine Küche wechseln im Stundentakt – zuerst muss etwas Spekatukläres, aber unschlagbar Einfaches für den Kindergeburtstag her, dann möchte das Teenager-Kind unbedingt vegan essen, ohne, dass es vegan schmeckt (ihr versteht?) und der Mann hat Lust auf dieses wahnsinnig guten Risotto al limone aus dem letzten Ligurien-Urlaub. Dazwischen hat man aufgrund des kühlen Wetters richtig Lust, den Ofen anzuheizen und Großmutters Kuchen zu backen und beim Damenabend sollte es auch alkoholfreie Cocktails auf Teebasis geben.

Das ist der ganz normale Wahnsinn meines Alltags und ich denke, euch geht es wahrscheinlich nicht viel anders. Also habe ich meine Lieblingsrezepte für jede Lebenslage gesammelt, getuned, fotografiert und in dieses Buch gepackt. Einer meiner persönlichen Lieblingsmomente in der Produktion dieses Buches war übrigens, als ich in voller Montur (Abendkleid!) ins Schwimmbad springen durfte. So etwas wollte ich immer schon einmal machen und ich kann es nur empfehlen, sehr befreiend.

Das ist der ganz normale Wahnsinn meines Alltags und ich denke, euch geht es wahrscheinlich nicht viel anders.

Zurück zum Kern des Buchs: Ich denke, das Leben sollte bunt, überraschend und vielseitig sein. Und wenn es das noch nicht ist, dann lasst uns daran arbeiten und in der Küche damit anfangen. Es hat so viel Spaß gemacht, all die verschiedenen Lebenssituationen mit Gerichten zu verbinden und es ist viel Neues daraus entstanden. Nach acht Monaten brainstormen, tüfteln, probieren, verwerfen, neu erfinden und Altes wieder entdecken wurde daraus ein kulinarisches Kompendium, das Einsteigerköch:innen genauso bedient wie Grillmeister:innen und Eltern kleiner und großer Kinder. Für dieses Buch muss man kein Spezialgebiet haben, es bedient mit der 360-Grad-Rezeptrundschau so gut wie jedes Bedürfnis.

Solltet ihr in einer Lebenslage sein, für die ich kein Rezept liefere, dann schreibt mir bitte. Fortsetzung folgt!

Ansonsten bleibt mir nur, euch viel Spaß und gutes Gelingen beim Nachkochen zu wünschen.

Eure Martina aus dem Kochsalon

Von Pfeffer im Hintern und Salz in der Suppe

Ohne Salz und Pfeffer läuft in der Küche gar nichts, sie sind die unverzichtbaren Standards im Gewürzregal. Doch es gibt noch so viel mehr, das durch den richtigen Einsatz für Tiefe und unerwartete Geschmacksrichtungen sorgen kann. Eine kleine Gewürzkunde.

Frische Gewürze und Kräuter sollten immer erst kurz vor Ende der Garzeit in das Gericht gegeben werden, da sie sonst an Geschmack verlieren. **Lorbeer, Wacholder** oder **Nelken** hingegen können länger mitkochen, um das gesamte Aroma aus ihnen herauszuholen.

Ein Gewürz wie das **Paprikapulver** verträgt kaum Hitze, es wird schnell bitter – und sollte nicht zu lange angeröstet werden.

Andere Gewürze entfalten in der Hitze erst so richtig ihren Geschmack: **Pfeffer, Kümmel, Nelken, Zimtrinde** oder **Wacholder** sollten immer kurz mit einem Mörser angestoßen werden und dann leicht in einer Pfanne ohne Öl erhitzt werden, bis sie ihre ätherischen Öle freigeben. Trotzdem bitte aufpassen, dass sie nicht verbrennen!

Gewürze wie **Chili** und **Kurkuma** sowie Gewürzmischungen wie **Garam Marsala** und **Curry** profitieren davon, wenn man sie mit etwas heißem Pflanzenöl übergießt – dadurch entfaltet sich ihr Aroma am besten.

Salz gilt tatsächlich nicht als klassisches Gewürz, da es keine ätherischen Öle enthält, ist aber ein wichtiger Grundpfeiler in der Küche. In jedes Gericht gehört zumindest eine Prise Salz – auch viele süße Speisen hebt etwas Salz auf ein anderes Level.

Das richtige Würzen ist eine Kunst, daher gilt oft die Devise: Weniger ist mehr und langsames Herantasten ist angesagt. Es ist auch wichtig, nicht immer sofort nachzuwürzen, da sich der Geschmack oft erst nach mehreren Minuten so richtig entfaltet.

In jeder Küche sollte es einen kleinen Vorrat an Gewürzen geben. **Salz** und **Pfeffer**, getrocknete Kräuter wie **Thymian, Majoran** und **Basilikum**, aber auch **Chili, Curry, Zimt, Nelken** und **Muskat dürfen** in einer Basisausstattung nicht fehlen.

Basilikum

Basilikum wurde aufgrund seines feinen Geschmacks früher Königskraut genannt. Es ist ein Must-have in der italienischen Küche.

Oregano

Wie in anderen Kräutern stecken auch in Oregano viele ätherische Öle, die sich beim längeren Kochen am besten entfalten.

Gewürznelken

Die Nelke zeichnet sich durch ihren intensiven, leicht scharfen Geschmack aus. Sie wird oft für Kompott, Glühwein, aber auch in Fleischgerichten verwendet.

Muskatnuss

Zum Verfeinern vieler Speisen reicht schon ein kleine Menge an Muskatnuss – am besten frisch gerieben.

Zimt

Zimt ist die Baumrinde des Zimtbaums. Es wirkt entzündungshemmend und ist besonders in der süßen Küche beliebt.

Majoran

Wenn Majoran getrocknet wird, ist der Geschmack meist noch intensiver. Wichtig ist, ihn nicht zu lange mitzukochen.

Thymian

In der mediterranen Küche ist Thymian nicht wegzudenken. Ob auf Fisch, Fleisch oder Pizza – Thymian passt perfekt.

Schwarzer Pfeffer

Das Aroma des Pfeffers entfaltet sich am besten, wenn er frisch gemahlen wird.

Salz

Auch wenn Salz kein Gewürz im klassischen Sinn ist, ist es unverzichtbar und die Basis jedes gelungenen Gerichts.

Das erste Ma(h)l

„Also, Lilly, jetzt zeige ich dir, wie man ein Orzo-Risotto kocht.“

„Ja, okay, das wollte ich eh schon immer lernen, urchillig.“

„Du schneidest Zwiebeln, sehr fein …“

„Wie, Zwiebeln? Und wie bekommst du die so fein?“

„Dann gibst etwas Butter in den To… Lilly?“

Weg war sie – und ich stand mit meinem Orzo-Risotto im Werden alleine da. In meiner Familie leben einige selbst ernannte kulinarische Experten. Dass sie sich dabei lediglich auf das Endergebnis fokussieren, dringt nicht in ihr Bewusstsein. Der Weg zum gefüllten Teller ist oft ein Mysterium. Deshalb habe ich die einfachsten und besten Rezepte für einen Neueinstieg in die Küche zusammengestellt. Eines ist sicher: Auch Lilly landet noch einmal in dieser Gasse.

Dreierlei Pesto
aus Basilikum, Walnüssen und getrockneten Tomaten

Basilikumpesto | 10 Minuten

1 Bund frisches Basilikum

1 EL Pinienkerne

80 ml Olivenöl

50 g Parmesan

1 kleine Knoblauchzehe

Saft und Schale von 1 Biozitrone

Salz

Schwarzer Pfeffer aus der Mühle

1. Die Pinienkerne in einer Pfanne ohne Öl goldbraun rösten.

2. Nun alle Zutaten in einem Mörser oder Mixer zu einem Pesto mixen.

Tipp: Es können natürlich auch andere Kräuter wie Petersilie, Bärlauch oder auch Radieschenblätter verwendet werden.

Walnusspesto | 10 Minuten

150 g Walnüsse

150 ml Olivenöl

30 g Parmesan

1 Knoblauchzehe

Saft von ½ Zitrone

1½ EL Majoran

Salz

Schwarzer Pfeffer aus der Mühle

1. Die Walnüsse grob hacken und in einer Pfanne mit etwas Öl goldbraun braten.

2. Nach dem Auskühlen die Walnüsse mit den restlichen Zutaten in einem Mixer zu einem Pesto mixen.

Tipp: Auch Pistazien eignen sich perfekt für dieses Pesto.

Pesto rosso | 10 Minuten

100 g getrocknete Tomaten

40 g Mandeln

2 Knoblauchzehen

40 g frisch geriebener Parmesan

150 ml Olivenöl

Salz

Cayennepfeffer

1. Die Mandeln in einer Pfanne ohne Öl goldbraun rösten.

2. Nun alle Zutaten in einem Mörser oder Mixer zu einem Pesto mixen.

Glasnudelsalat

4 Portionen | 20 Minuten

200 g Glasnudeln

2 Karotten

1 roter Paprika

150 g TK-Saubohnen

4 Jungzwiebeln

100 g Erdnüsse

1 EL Kotányi Sesam hell

½ Bund Koriander

Dressing

5 EL Sojasauce

1 EL Ahornsirup

Saft und Schale 1 Biolimette

10 g Ingwer

1 rote Chilischote

2 EL Sesamöl

1. Die Glasnudeln nach Anleitung kochen. Die Karotten und den Paprika in feine Streifen schneiden. Die Erdnüsse und den Koriander grob hacken. Die Jungzwiebeln in feine Ringe schneiden. Die Saubohnen auftauen lassen.

2. Für das Dressing den Ingwer schälen und reiben. Die Chilischote entkernen und fein hacken. Gemeinsam mit allen weiteren Zutaten des Dressings verrühren.

3. Nun alle Zutaten zu einem Salat vermengen. Sollte er etwas zu trocken sein, kann noch etwas mehr Sojasauce hinzugegeben werden.

Ein grasig-grüner Sauvignon Blanc aus der Südsteiermark ist der passende Begleiter zu diesem Salat.

Frischer Bulgursalat

250 g Bulgur

1 rote Zwiebel

1 roter Paprika

1 Gurke

½ Bund Dille

½ Bund Petersilie

1 Dose Kichererbsen

1 Biozitrone

Olivenöl

Salz

Schwarzer Pfeffer aus der Mühle

Dressing

1 TL Kotányi Kümmel gemahlen

1 TL Zucker

1 Knoblauchzehe

6 EL Olivenöl

3 EL Zitronensaft

Salz

Schwarzer Pfeffer aus der Mühle

Die Fruchtigkeit eines trockenen Gelben Muskatellers belebt diesen frischen Salat.

1. Den Bulgur in eine Schüssel geben, Salz, Olivenöl und Zitronensaft zugeben.

2. Das Wasser im Wasserkocher erhitzen. Die doppelte Menge Wasser über den Bulgur gießen, durchrühren, die Zitronenhälften darauflegen, zudecken und ziehen lassen.

3. Für das Dressing den Knoblauch pressen und mit Olivenöl, Zitronensaft, Kümmel, Zucker, Salz und Pfeffer verrühren.

4. Den Paprika, die Gurke und die Zwiebel in feine Würfel schneiden. Die Dille und die Petersilie fein hacken.

5. Die Kichererbsen abseihen.

6. Alle Zutaten zu einem Salat vermengen.

One Pot Orzo
mit Spinat, Feta und Zitrone

4 Portionen | 20 Minuten

1 Zwiebel

2 Knoblauchzehen

400 g Orzo

500 ml Gemüsesuppe

1 Block Feta

2 Handvoll Babyblattspinat

Schale und Saft 1 Zitrone

Olivenöl

2 EL Butter

5 EL Parmesan

Salz

Schwarzer Pfeffer aus der Mühle

1. Die Zwiebel und den Knoblauch in feine Würfel schneiden.

2. Etwas Olivenöl in einem Topf erhitzen und die Zwiebel mit dem Knoblauch glasig anschwitzen. Die Orzo-Pasta zugeben und mit der Gemüsesuppe aufgießen.

3. Die Orzo-Pasta bissfest kochen. Kurz vor Ende der Garzeit den Spinat, die Hälfte des Fetas, die Zitrone, die Butter und den Parmesan unterrühren.

4. Mit Salz und Pfeffer abschmecken, anrichten und den restlichen Feta darüberbröseln.

Ein steirischer Morillon vereint Kraft und Frische und ergänzt daher das würzige Gericht ausgezeichnet.

Lachs in rotem Curry

4 Portionen | 20 Minuten

4 Lachsfilets (à 150 g)
2 EL rote Currypaste (mild)
600 ml Kokosmilch (Dose)
1 Knoblauchzehe
1 EL geriebener Ingwer
2 EL Pflanzenöl
Eine Handvoll Basilikumblätter
1 EL Limettensaft

1. Die Lachsfilets kalt abspülen, trocken tupfen und mit einem scharfen Messer die Haut entfernen.

2. Die Knoblauchzehe schälen und fein hacken. Das Pflanzenöl in einer Pfanne erhitzen, die Currypaste, den Knoblauch und den Ingwer circa 3 Minuten darin braten.

3. Die Kokosmilch zugeben und bei hoher Hitze circa 5 Minuten kochen lassen. Vom Herd ziehen und mit Salz abschmecken.

4. In der Zwischenzeit die Lachsfilets in circa 3 Zentimeter breite Stücke schneiden, in die Sauce legen und zugedeckt 5 bis 6 Minuten gar ziehen lassen (je nach Stärke der Lachsstücke).

5. Den Limettensaft und das Basilikum untermischen und den Lachs mit Reis anrichten.

Tipp: Ich koche gerne Tiefkühlerbsen mit dem Reis mit und röste in einer kleinen Pfanne einige Mandelsplitter oder -stifte, die ich zum Schluss über den Reis streue. Das gibt einen angenehmen Crunch.

Rotes Curry braucht unbedingt einen Wein mit viel Kraft und exotischer Frucht wie etwa einen Rotgipfler aus der Thermenregion.

Quiche Lorraine
mit Schinken

4 Portionen | 45 Minuten

1 Pkg. Tarteteig

4 Eier

150 g Crème fraîche

Etwas Petersilie

1 Prise Muskatnuss

1 Prise Cayennepfeffer

250 g Berger Römer-Schinken

½ Stange Lauch

Salz

Schwarzer Pfeffer aus der Mühle

Etwas Butter zum Befetten

Der All-time-Favourite Grüner Veltliner, leicht und frisch ausgebaut, wird als Begleiter zur Quiche zum Star.

1. Den Backofen auf 190 Grad (Ober-/Unterhitze) vorheizen.

2. Die Petersilie hacken und mit den Eiern, der Crème fraîche und den Gewürzen verrühren. Die Masse kann ruhig kräftig gesalzen werden. Den Lauch in dünne Ringe und den Schinken in Streifen schneiden.

3. Eine Tarteform mit etwas Butter ausfetten und den ausgerollten Tarteteig hineinlegen. Den Teig mit einer Gabel mehrmals einstechen.

4. Den Schinken und den Lauch auf dem Teig verteilen und die Eiermasse darübergießen.

5. Die Quiche im Backofen circa 45 Minuten auf unterster Schiene goldbraun backen.

Tipp: Für das gewisse Etwas kann vor dem Backen noch etwas Gruyère über die Tarte gerieben werden.

Pastete
mit Schinken und Käse

4 Portionen | 40 Minuten

1 Packung Blätterteig

200 g Berger Beinschinken
Selektion

200 g Gouda

50 g Salami

6 getrocknete Tomaten

4 Zweige frischer Oregano

1 Eigelb

1. Den Ofen auf 220 Grad Heißluft vorheizen.

2. Den Teig ausrollen. Das mittlere Drittel abwechselnd mit Schinken, Käse und Salami belegen.

3. Die Tomaten und die Oreganoblätter immer wieder zwischen den Schichten verteilen.

4. Nun den Teig in der Mitte falten und an den Rändern etwas festdrücken. Die Pastete mit Ei bestreichen und mit einem Messer ein Muster einritzen.

5. Die Pastete im Ofen für circa 25 Minuten backen.

Zu dieser herzhaften Pastete darf es durchaus ein Rotwein sein, ideal passt ein fruchtbetonter Zweigelt.

Gefüllte Spitzpaprika

4 Portionen | 40 Minuten

4 rote Spitzpaprika

2 Zwiebeln

4 Knoblauchzehen

100 g Babyblattspinat

300 g Ricotta

250 g Mozzarella

5 Stängel Petersilie

5 Stängel Basilikum

2 Stängel Minze

Pflanzenöl

Salz

Schwarzer Pfeffer aus der Mühle

1. Die Zwiebeln und den Knoblauch in feine Würfel schneiden. Etwas Öl in einer Pfanne erhitzen und beides darin glasig anschwitzen. Den Babyspinat zugeben und kurz zusammenfallen lassen.

2. Die gesamten Kräuter fein hacken und gemeinsam mit der überkühlten Zwiebel-Knoblauch-Spinat-Mischung, dem Ricotta und der Hälfte des Mozzarellas vermengen. Mit Salz und Pfeffer abschmecken.

3. Den Backofen auf 180 Grad Ober- Unterhitze vorheizen.

4. Die Spitzpaprika halbieren und das Kerngehäuse entfernen. Die Fülle einfüllen und mit dem restlichen Mozzarella belegen. Auf ein Blech legen und im Ofen für 20 Minuten backen.

Sauvignon Blanc und Paprika: Das ist so etwas wie ein Perfect Match. Mit dem Ricotta harmoniert eine leichte Variante ideal.

No-bake Cheesecake im Glas

**4 Portionen | 15 Minuten
+ 4 Stunden Kühlung**

100 g Butterkekse

45 g flüssige Butter

250 g Frischkäse

50 g Staubzucker

Saft ½ Zitrone

125 ml Schlagobers

200 g gefrorene Beeren

2 TL Maizena

1. Die Butterkekse mit der Butter in einem Mixer zerkleinern. Die Masse in Gläser füllen und mit einem Löffel festdrücken.

2. Für die Creme das Schlagobers nicht zu fest schlagen, es sollte noch cremig sein. Den Frischkäse mit dem Staubzucker und dem Zitronensaft glatt rühren und anschließend das Obers unterheben. Die Creme in die Gläser füllen und für 2 Stunden kalt stellen.

3. Währenddessen die aufgetauten Beeren in einen Topf geben und erhitzen. Das Maizena mit etwas Wasser verrühren, zu den Beeren gießen und diese damit etwas eindicken. Das Beerenragout auskühlen lassen und als Abschluss in die Gläser füllen.

Wer dem Gericht ein Krönchen aufsetzen möchte, gönnt sich ein Glas Laurent-Perrier-Champagner dazu.

Da ist guter (Vor-)Rat teuer

Manchmal passiert es mir (ja, okay, ein bisschen öfter als manchmal), dass der Vorrat im Kühlschrank peinlich klein ist. Zum Glück bin ich ein kulinarischer Messie und kaufe wahnsinnig gerne auf Vorrat. Man muss mir nicht mit Blackout drohen, dass ich Eingekochtes, Eingerextes und Trockenware zuhauf hervorzaubere. Genau das ist die Basis der folgenden Rezepte: Was koche ich, wenn ich es nicht in den Supermarkt geschafft habe? Das Beste daran: Die Gerichte schmecken nicht nach Notlösung.

Must-haves in der Vorratskammer

Zwiebeln
Knoblauch
Erdäpfel

Honig
Pasta
Linsen
Polenta
Reis (Langkorn und Risotto)
Verschiedene Nüsse (Mandeln, Walnüsse, …)
Sojasaauce
Passata
Reis- und Udonnudeln
Kichererbsen (getrocknet oder aus der Dose)
Mais (in der Dose)
Getrocknete Tomaten
Kokosmilch
Essig (Balsamico und Weißweinessig)
Öl (Oliven- und Pflanzenöl)

Backzutaten:
Mehl (griffig und glatt)
Kristall- und Staubzucker
Maisstärke
Backpulver
Vanillezucker

Vorratskammer für Spezialisten

Harissapaste

Die scharfe, aus Nordafrika stammende Würzpaste besteht aus Chili, Koriander, Kreuzkümmel u. a.

Misopaste

Die aus fermentierten Sojabohnen hergestellte Paste ist vor allem in Japan beliebt. Nur eine kleine Menge verleiht jedem Gericht eine Umaminote.

Erdnussbutter

Ob fein oder mit Stückchen ist jedem selbst überlassen, aber Erdnussbutter ist gerade für Veganer eine tolle Zutat, egal ob süß oder pikant.

Mirin

Der süße Reiswein aus Japan eignet sich perfekt für Marinaden und Saucen.

Currypaste

Currypasten sind eine tolle Basis für jedes Curry. Es gibt sie in den verschiedensten Schärfegraden.

Sojasauce

Wohl die bekannteste Würzsauce aus Asien wird aus Sojabohnen, Wasser und Salz gebraut.

Ahornsirup

Ahornsirup kann als vegane Alternative zu Honig verwendet werden.

Butter Chickpeas

4 Portionen | 45 Minuten

500 g Kichererbsen,
aus der Dose

½ EL Chiliflocken

1 TL Kümmel, gemahlen

1 TL Koriander, gemahlen

2 Knoblauchzehen, gepresst

10 g Ingwer, gerieben

1 TL Salz

Sauce

1 TL Öl

1 EL Butter

1 rote Zwiebel

2 EL Ingwer, gehackt

2 Knoblauchzehen, gepresst

2 TL Garam Masala

½ EL Chiliflocken

100 g gestückelte Tomaten,
aus der Dose

50 g Cashewkerne

200 ml Wasser

1½ EL Butter

200 ml Obers

Zum Servieren

Petersilie, gehackt

Ein trockener, blumiger
Traminer umspielt am Gaumen
geschickt die Schärfe des
Ingwers.

1. Zunächst die abgetropften Kichererbsen mit den restlichen Gewürzen vermischen. Sie sollten mindestens 30 Minuten durchziehen.

2. Das Öl und die Butter in einer Pfanne erhitzen. Die Zwiebel fein würfeln. Die Zwiebel, 1 Esslöffel Ingwer, die Chiliflocken und das Garam Masala in der Pfanne anbraten und mit den Tomaten und Wasser aufgießen.

3. Die Cashewkerne, den restlichen Ingwer und den Knoblauch zugeben und auf niedriger Hitze etwa 12 Minuten köcheln lassen.

4. Die Mischung in einen Mixer geben und möglichst fein mixen. Anschließend durch ein Sieb streichen. Nun wird die Sauce wieder in die Pfanne gegossen, mit Butter und Obers einrühren. Zu guter Letzt die Kichererbsen unterheben und kurz erhitzen.

5. Die Kichererbsen mit gehackter Petersilie anrichten.

Tipp: Passend dazu kann man das Fladenbrot von Seite 82 servieren und für den Extrakick mit etwas flüssiger Butter und Knoblauch bestreichen.

Linsen-Kokos-Dal

4 Portionen | 40 Minuten

2 EL Olivenöl

2 TL Kümmelsamen

2 Zwiebeln

4 Knoblauchzehen

10 g Ingwer

1 TL Kurkuma

1 TL Chiliflocken

200 g rote Linsen

1 Dose gestückelte Tomaten

1 Dose Kokosmilch

150 ml heißes Wasser

Saft 1 Limette

Zum Servieren
Koriander

Ein absolutes Highlight zu diesem asiatischen Gericht ist ein trockener, aromatischer Sämling 88.

1. Die Zwiebeln und den Ingwer in feine Streifen und den Knoblauch in Scheiben schneiden. Das Öl in einem Topf erhitzen und den Kümmel zugeben. Wenn dieser etwas zu hüpfen beginnt, die Zwiebeln zugeben und so lange braten, bis sie schön braun sind. Den Ingwer und den Knoblauch zugeben und nochmals einige Sekunden rösten.

2. Nun alle restlichen Zutaten – bis auf den Limettensaft – zugeben und kurz aufkochen. Anschließend circa 25 bis 30 Minuten auf mittlerer Hitze köcheln lassen. Sollte das Dal zu trocken werden, noch etwas Wasser zugeben.

3. Wenn die Linsen weich sind, mit Limettensaft abschmecken und mit Koriander bestreuen.

Harissa-Ofenkartoffeln
mit Safranmayonnaise

4 Portionen | 50 Minuten

1 kg festkochende
Babykartoffeln

4 EL Harissapaste

8 EL Olivenöl

Schale 1 Zitrone

Salz

Schwarzer Pfeffer aus der Mühle

Safranmayonnaise

1 Ei

250 ml Pflanzenöl

1 EL Senf

1 EL Weißweinessig

1 Prise Safran

1 Prise Zucker

Salz

Schwarzer Pfeffer aus der Mühle

1. Den Backofen auf 200 Grad Heißluft vorheizen.

2. Die Babykartoffeln halbieren oder vierteln, mit Harissa, Olivenöl, der Zitronenschale, Salz und Pfeffer vermischen. Die Kartoffeln auf ein Backblech legen und im Ofen circa 40 Minuten knusprig braten.

3. Für die Mayo zunächst den Safran mit etwas heißem Wasser 5 Minuten ziehen lassen.

4. Jetzt alle Zutaten in ein hohes Mixgefäß geben und mit dem Stabmixer langsam hochziehen, sodass eine homogene Masse entsteht.

Die Schärfe der Harissa-Paste braucht einen kraftvollen Gegenspieler, zum Beispiel einen Grünen Veltliner Smaragd.

Knuspriger Thai-Reissalat

4 Portionen | 30 Minuten

200 g gekochter Basmatireis
(ausgekühlt)

1 EL rote Thai-Currypaste

3 EL Maisstärke

2 EL neutrales Pflanzenöl

Dressing

Saft von 2 Limetten

2 TL brauner Zucker

2 EL Fischsauce

1 rote Chilischote, gehackt

1 rote Zwiebel

50 g gesalzene Erdnüsse

20 g Minze (optional)

10 g Koriander (optional)

1. Die Currypaste unter den Reis mischen, mit Maisstärke bestäuben und alles gut durchmischen. Es sollte jedes Reiskorn mit der Currypaste und dem Stärkemehl überzogen sein.

2. Das Öl in einer Pfanne erhitzen, den Reis zugeben und platt drücken. Circa 5 Minuten auf mittlerer Temperatur knusprig braten, dann wenden und nochmals 5 Minuten braten. Eventuell muss man nach dem Wenden noch etwas Öl zugeben. Der Reis sollte goldbraun und knusprig sein. Auf einen Teller geben und überkühlen lassen.

3. Alle Zutaten für das Dressing verrühren (der Zucker sollte sich auflösen).

4. Die Zwiebel schälen, halbieren und in sehr feine Scheiben schneiden. Die Minze und den Koriander abzupfen. Den Reis zerpflücken, die Zwiebel, die Kräuter und die Erdnüsse darauf verteilen und mit dem Dressing beträufeln. Sofort essen.

Mit der Würze und Schärfe
des Korianders kann ein
kräftiger Grauburgunder
wunderbar mithalten.

Cremige Polenta
mit getrockneten Tomaten

4 Portionen | 20 Minuten

250 g Polenta

500 ml Milch

300 ml Wasser

100 g Parmesan

150 g getrocknete Tomaten

5 EL Oliven

Salz

Schwarzer Pfeffer aus der Mühle

Salsa verde (optional)

½ Bund Basilikum

½ Bund Petersilie

2 Minzzweige

1 Biozitrone

Olivenöl

Salz

Schwarzer Pfeffer aus der Mühle

1. Die Milch mit dem Wasser und dem Salz aufkochen. Die Hitze etwas zurückdrehen und die Polenta einrühren. 15 Minuten köcheln lassen.

2. Den Parmesan reiben, die Oliven und die Tomaten grob hacken und in die Polenta geben. Sollte die Polenta zu fest sein, kann noch etwas Olivenöl hinzugefügt werden.

3. Für die Salsa verde alle Zutaten mixen.

4. Die Polenta mit der Salsa verde anrichten und etwas Parmesan und Olivenöl darübergeben.

Ein Weißburgunder mit einer cremigen Stilistik bringt die ideale Harmonie.

Walnuss-Erbsen-Pesto
mit Orecchiette

4 Portionen | 15 Minuten

100 g Walnüsse plus 1 EL zum
Servieren

180 g gefrorene Erbsen

60 g fein geriebener Parmesan
plus 2 EL zum Servieren

2 Knoblauchzehen, zerdrückt

Saft von ½ Zitrone

250 ml Olivenöl

400 g Orecchiette

1. Die Walnüsse in einer Pfanne bei mittlerer Hitze ohne Öl rösten, bis sie zu duften beginnen und etwas Farbe angenommen haben. Beiseitestellen und etwas abkühlen lassen.

2. Die Erbsen in eine Schüssel geben, mit kochendem Wasser übergießen, 3 bis 4 Minuten ziehen lassen und abseihen.

3. Die Walnüsse, die Erbsen, den Parmesan, den Knoblauch, den Zitronensaft und 200 Milliliter Öl in einen Mixer geben und zu einer groben Paste pürieren. Nach Geschmack würzen und in eine große Schüssel geben.

4. Die Nudeln in kochendem Salzwasser nach Packungsanweisung kochen. Abgießen und circa 100 ml Kochwasser aufheben.

5. Die Nudeln zum Pesto in die Schüssel geben und das Kochwasser hinzufügen. Alles gut durchmischen und mit gehackten Walnüssen sowie geriebenem Parmesan bestreuen.

Grauburgunder passt zu fast allem, aber besonders gut zu diesem Pastgericht.

Krautspätzle
mit geselchtem Schinken

4 Portionen | 50 Minuten

Besondere Utensilien: Spätzlehobel

400 g griffiges Mehl

200 g glattes Mehl

6 Eier

1 EL Salz

Wasser nach Bedarf

300 g Berger Geselchter Schinken

1 große Zwiebel

500 g Sauerkraut

Butter

Salz

Schwarzer Pfeffer aus der Mühle

Sauerkraut und Riesling sind eine tolle Kombi, die frische Säure der beiden Partner ergänzt sich ideal.

1. Für die Spätzle das Mehl, die Eier, Salz und Wasser rasch zu einem relativ festen Teig vermengen und diesen durch ein Spätzlesieb ins kochende Salzwasser einkochen. Die Spätzle aufkochen lassen. Wenn sie oben schwimmen, abseihen.

2. Den Schinken und die Zwiebel in kleine Würfel schneiden und beides in Butter anrösten.

3. Nun die Spätzle und das gekochte Sauerkraut unterheben. Mit Salz und Pfeffer würzen und alles so lange rösten, bis die Spätzle stellenweise braun sind.

Kartoffelpuffer mit Speck

4 Portionen | 50 Minuten

1 kg mehlige Erdäpfel

300 g Mozzarella

1 Ei

50 g Mehl

1 TL Chiliflocken

2 Knoblauchzehen

300 g Speck

80 g Semmelbrösel

6 EL Pflanzenöl

Schnittlauch

Kräuterdip

250 g Sauerrahm

Gemischte gehackte Kräuter

Salz

Schwarzer Pfeffer aus der Mühle

Ein erfrischendes herbes Pils ist die optimale Begleitung zum österreichischen Klassiker.

1. Die Erdäpfel in einen Topf geben, mit Wasser bedecken, auf den Herd stellen und zugedeckt zum Kochen bringen. Die Hitze reduzieren und die Erdäpfel gar kochen. (Die Garzeit hängt von der Größe der Kartoffeln ab und liegt zwischen 25 und 40 Minuten.)

2. In der Zwischenzeit den Mozzarella auf einer Reibe grob reiben. Den Knoblauch schälen und den Speck in 5 Millimeter große Würfel schneiden.

3. Alle Zutaten für den Dip glatt rühren und anschließend kühl stellen.

4. Die gekochten Kartoffeln abseihen, kurz überkühlen lassen, schälen und durch die Kartoffelpresse in eine große Schüssel drücken. Hat man keine Presse, kann man die Kartoffeln mit einem Stampfer zerkleinern. Sollte man auch diesen nicht zur Hand haben, kann man die Kartoffeln auch einfach mit einer Gabel zerdrücken. Anschließend nochmals circa 10 Minuten überkühlen lassen.

5. Nun alle restlichen Zutaten für die Puffermasse zugeben: Den Mozzarella, das Ei, das Mehl, die Chiliflocken und den Speck unterrühren, den Knoblauch dazu pressen. Alles gut durchmischen (das funktioniert am besten mit den Händen). Mit Salz und Pfeffer großzügig würzen.

6. Die Semmelbrösel auf einen Teller streuen. Die Hände nass machen, circa die Menge einer Eiskugel von der Puffermasse in die Hand nehmen und zu einem Laibchen formen, in den Semmelbröseln wenden und auf das Schneidbrett legen. Weiter so verfahren, bis die Masse aufgebraucht ist.

7. Das Öl in der Pfanne erhitzen, die Laibchen auf jeder Seite partienweise circa 4 Minuten bei mittlerer Temperatur goldbraun braten.

8. Mit dem Dip und etwas Schnittlauch anrichten.

Scheiterhaufen

4 Portionen | 1 Stunde

300 ml Milch

4 Eier

60 g Staubzucker

1 Prise Salz

200 g altes Weißbrot

500 g Äpfel

5 EL Kristallzucker

½ TL Zimt

100 g Rosinen

1 EL Butter (in Flöckchen)

1 TL Puderzucker

1. Den Ofen auf 180 Grad Heißluft vorheizen.

2. Zunächst die Milch, die Eier, den Staubzucker und Salz miteinander verquirlen.

3. Das alte Brot in Stücke schneiden und unter die Eier-Milch-Mischung heben. Alles etwa 10 Minuten ziehen lassen.

4. Die Äpfel schälen, vierteln und in Scheiben schneiden. Die Äpfel mit dem Kristallzucker, den Rosinen und dem Zimt vermischen und unter das Brot heben.

5. Eine Auflaufform mit etwas Butter einfetten und die Masse darin verteilen. Ein paar Butterflöckchen auf dem Scheiterhaufen verteilen und im Ofen circa 40 Minuten backen.

Tipp: Wer möchte, kann den Scheiterhaufen mit Vanillesauce servieren.

Eines der unangefochtenen Lieblingsdesserts mit feiner Süße. Hervorragend passt dazu eine Muskateller Auslese.

Happy Hour

Wenn das Leben dir Zitronen gibt, füg Rum hinzu und mach Spicy Ginger draus – und eine Tee-Essenz. Denn das ist das Besondere an unseren Cocktails: Der Tee gibt ihnen nicht nur ein nüchternes Image (und das meine ich positiv), sondern wertet die Drinks auch geschmacklich auf. Warum bin ich da nicht schon längst draufgekommen?

Teebegleitung

Ähnlich wie Wein besitzen Tees ihre eigenen unverwechsel-
baren Charakteristika, ihre individuellen Aromen. Dabei har-
monieren bestimmte Zutaten besser miteinander als andere.
Nachfolgend findest du einige hilfreiche Informationen, die dir
das Zusammenstellen des richtigen Teepairings zu deiner Spei-
seabfolge erleichtern sollen.

Highgrown-Tees

Beispiele für Highgrown-Tees
sind Darjeeling First Flush,
Darjeeling Autumnal und
Ceylon Highgrown Teas (Dim-
bula, Nuware Eliya, Uva).

Passen gut zu: Schnitzel
und sonstigem Gebackenen,
Braten, herzhaften, deftigen
Pastagerichten.

Beerige Tees

Beispiele für beerige Tees sind
Früchtetees auf Basis von
Hagenbutte und Hibiskus mit
beerigen Aromen.

Passen gut zu: Desserts

Grasige Tees

Beispiele für grasige Tees
sind hochwertige Sencha und
Gyokuro.

Passen gut zu: japanischen
Gerichten, Lachs und gedüns-
tetem Gemüse.

Erdige Tees

Beispiele für erdige Tees sind
Rooibos und Honeybush.

Passen gut zu: asiatischen
Gerichten, auch aus dem
Wok.

Malzige Tees

Beispiele für malzige Tee-
sorten sind Assam, Kenya,
CTC-Teas und Breakfast Teas.

Passen gut zu: Wild jeder
Art, Innereien sowie wei-
teren geschmacksintensiven
Speisen wie Geschmortem.

Milde Tees

Beispiele für milde Tees sind
weißer Tee und milde China-
Grüntees.

Passen gut zu: hellem Fisch,
Meeresfrüchten, blanchierten
Speisen, mildem Käse,
leichten Salaten und luftigen
Desserts.

Rauchige Tees

Beispiele für rauchige Tee-
sorten sind Keemung,
Yunnan, Pu Erh oder Lapsang
Souchong.

Passen gut zu: gegrilltem
dunklem Fleisch jeder Art,
mexikanischen Gerichten
sowie Schokolade und
können für die Zubereitung
von Saucen, Marinaden und
Dressings verwendet werden.

Zitronige Tees

Beispiele für zitronige Tees
sind Früchte- und Kräutertees
mit Lemongrassanteil.

Passen gut zu: Currys, Wok-
gerichten und weißem Fisch.

Schwarzer Tee

Die perfekte Ziehzeit für
Schwarztee liegt bei 3 bis
5 Minuten. Das enthaltene Koffein
regt unter 5 Minuten an, bei einer
Ziehzeit von über 5 Minuten ist es
durch Gerbstoffe gebunden und
wirkt nicht mehr.

Grüntee

Am besten lässt man das Wasser
für Grüntee immer kurz abkühlen.
In China wird der Tee einmal
aufgegossen und nach einer
Minuten abgegossen. Nach dem
zweiten Aufguss lässt man den
Tee maximal 3 Minuten ziehen.
Grüntee enthält circa halb so viel
Koffein wie Kaffee, wirkt aber
sehr anregend.

Früchtetee

Früchtetee sollte am besten
mit kochendem Wasser aufgegossen werden und mindestens
8 Minuten ziehen. Erst dann
können sich die Aromen perfekt
entwickeln.

Rooibos-Tee

Für alle Rooibos-Tees wird
empfohlen, sie mit kochendem
Wasser aufzugießen und mindestens 5 Minuten ziehen zu
lassen. Nach 6 Minuten haben
sich alle geschmacksgebenden
Stoffe voll entwickelt.

Matcha-Tee

In Japan wir Matcha in
eigenen Schalen mit 80 Grad
heißem Wasser und einem
Bambusbesen verrührt.

1 Gramm Matcha pro 100 ml
reicht komplett aus.

Kräutertee

Erst nach 6 Minuten Zieh-
zeit und einem Aufguss mit
kochendem Wasser entfalten
sich die Wirkstoffe und
Aromen im Kräutertee am
besten.

Blueberry Sour

5 Minuten

Besondere Utensilien:
Cocktailshaker

10 cl Meßmer Bio Rote Beeren Tee

3 cl Holundersirup

5 cl Zitronensaft

10 g Heidelbeeren, tiefgefroren

1. Die aufgetauten Heidelbeeren mit den restlichen Zutaten und Eiswürfeln kräftig shaken und durch ein Sieb in ein Glas gießen.

2. Mit ein paar frischen Heidelbeeren servieren.

Teemojito

5 Minuten

10 cl Meßmer Bio Minze Tee

3 BL Zucker

2 cl Limettensaft

3 Minzzweige

Tonic Water

1. Den Zucker mit dem Limettensaft in einem hohen Tumbler verrühren, die Hälfte der Minze zugeben und mit rühren.

2. Den Tee und Eiswürfel in das Glas füllen und alles mit Tonic aufgießen.

3. Mit der restlichen Minze garnieren.

Spicy Ginger

5 Minuten

Besondere Utensilien:
Cocktailshaker

10 cl Meßmer Bio Ingwer-
Orange Tee
4 cl brauner Rum
2 cl Agavendicksaft
1 cl Limettensaft

Deko
Limettentwist

1. Den Tee mit dem Agavendicksaft, dem Rum und dem Limettensaft verrühren, in ein Glas füllen und mit Crushed Ice toppen.

2. Mit einem Limettentwist garnieren.

English Espresso Martini

5 Minuten

Besondere Utensilien:
Cocktailshaker

30 cl Meßmer Klassik Tee
20 cl Espresso, eisgekühlt
1 cl Amaretto
1 cl Zuckersirup
1 cl Obers

1. Alle Zutaten in einem Shaker auf Eis shaken, in ein Martiniglas abseihen und servieren.

Teegroni

5 Minuten

Besondere Utensilien: Rührglas

3 cl Meßmer Bio Rote Beeren Tee

3 cl Bourbon

3 cl Campari

1 EL Zuckersirup

Für die Dekoration
Orangenschale

1. Alle Zutaten über Eis kalt rühren und in einem Tumbler mit Eiswürfeln servieren.

2. Mit einer Orangenschale garnieren.

Coco Ginger

5 Minuten

Besondere Utensilien:
Cocktailshaker

10 cl Meßmer Bio Ingwer-
Orange Tee

5 cl Ananassaft

3 cl Kokoslikör

3 cl brauner Rum

2 cl Zitronensaft

2 Scheiben Ingwer

Für die Dekoration
1 Stück Ananas

1. Den Tee mit dem Ananassaft, dem Kokoslikör, dem Rum, dem Zitronensaft und dem Ingwer sowie mit 4 bis 5 Eiswürfeln in einen Cocktailshaker geben und kräftig shaken.

2. In ein Cocktailglas abseihen und mit der Ananas garnieren.

Tipp: Wer einen noch intensiveren Ingwergeschmack möchte, kann 1 cl *Ingwerer* – ein österreichischer Ingwerlikör – hinzugeben.

Hangover-Brunch

Am Abend war alles noch so lustig. Man denkt sich: „Endlich kann ich den Leitsatz ‚carpe diem' leben!" – und schenkt sich noch ein Gläschen nach. Tja, carpe diem schmeckt am nächsten Tag miserabel und fühlt sich pelzig auf der Zunge an, auf die gute Laune folgt der Katzenjammer. Was hilft? Ein ordentliches Katerfrühstück, mit dem wir das Reuegefühl hinunterschlucken. Gerichte, die nicht nur satt, sondern auch munter machen.

Hangover-Smoothie

1 Portion | 10 Minuten

Besondere Utensilien: Standmixer

300 ml Kokoswasser

1 Banane

½ TL Kurkuma

1 Handvoll Spinat

½ Avocado

5 g Ingwer

1 Orange

1. Alle Zutaten in einem Mixer zu einem feinen Smoothie mixen.

2. Wer es flüssiger möchte, kann noch etwas Kokoswasser zugeben.

KURKUMA

Bacon Egg Cups

4 Portionen | 30 Minuten

Besondere Utensilien: Muffinform

6 Eier

200 ml Milch

100 g Gruyère

2 Frühlingszwiebeln

24 Scheiben Bauchspeck

Salz

Schwarzer Pfeffer aus der Mühle

1. Den Ofen auf 180 Grad (Ober- und Unterhitze) vorheizen.

2. Die Muffinform mit Butter ausstreichen und jede Mulde mit Speck auslegen.

3. Die Eier verquirlen und die Frühlingszwiebeln putzen, waschen und in feine Ringe schneiden. Die Milch, die Eier, die Zwiebeln, Salz und Pfeffer gut verrühren.

4. Die Mischung in die Mulden füllen und mit Käse bestreuen. Die Form in den Backofen geben und 12 bis 15 Minuten backen.

Chili-Quesadilla

4 Portionen | 15 Minuten

1 Dose Mais

2 TL Olivenöl

Saft 1 Limette

6 Wraps

1 rote Zwiebel

1 Jalapeño

Koriander

6 Eier

1 Avocado

1. Das Olivenöl, den Limettensaft und drei Viertel der Maiskörner in eine kleine Küchenmaschine geben und zu einer dicken Paste mixen. Den restlichen Mais unterrühren.

2. Die Zwiebel in feine Streifen schneiden und den Koriander hacken.

3. Eine Pfanne mit etwas Öl erhitzen, einen Wrap in die Pfanne legen und mit einem Drittel der Maismasse bestreichen. Mit einem Löffel 2 Vertiefungen eindrücken und je ein Ei hineinschlagen. Mit einem Teil der Zwiebel und dem Koriander bestreuen. Wenn die Eier leicht gestockt sind, den zweiten Wrap darauflegen und vorsichtig umdrehen. Wenn die Quesadilla braun ist, aus der Pfanne nehmen und in Stücke schneiden

4. Die Avocado etwas zerdrücken und mit Limettensaft beträufeln.

5. Die Quesadillas mit Avocadomus, Jalapeño, Zwiebel und Koriander servieren.

Räucherlachs-Frittata

4 Portionen | 25 Minuten

6 Eier

200 ml Milch

200 g Räucherlachs

4 Jungzwiebeln

2 EL Kapern

5 EL Schnittlauch

5 EL Dille

1 El Butter

Crème fraîche

Salz

Schwarzer Pfeffer aus der Mühle

1. Die Milch mit den Eiern verrühren. Den Räucherlachs und die Jungzwiebeln schneiden und mit den Kapern unter die die Eimasse heben. Mit Salz und Pfeffer würzen und die gehackten Kräuter dazugeben.

2. In einer Pfanne die Butter erhitzen und bei mittlerer Hitze die Frittata braten.

3. Die Frittata in Stücke schneiden und mit etwas Crème fraîche servieren.

Misosuppe

4 Portionen | 20 Minuten

1 EL Pflanzenöl

10 g Ingwer

1 Stange Zitronengras

2 Knoblauchzehen

1 rote Chilischote

1 l Gemüsesuppe

150 g weicher Tofu

150 g Ramennudeln

50 g getrocknete Shiitakepilze

3 EL Miso

Zum Servieren

Frühlingszwiebel

Sesam

1. Den Ingwer und den Knoblauch reiben. Die Chilischote entkernen und hacken. Den Zitronengrasstängel zerdrücken und schneiden.

2. Das Öl in einem Topf erhitzen und die Chilischote, den Ingwer, das Zitronengras und den Knoblauch leicht anschwitzen.

3. Mit der Gemüsesuppe aufgießen. Die Misopaste unterrühren und die Ramennudeln in der Suppe kochen, den Pak Choi und die Shiitakepilze ziehen lassen.

4. Den Tofu in Stücke schneiden und in der Suppe erwärmen.

5. Die Suppe anrichten und mit geschnittenen Frühlingszwiebeln und Sesam servieren.

Grilled Cheese
mit Schinken

4 Portionen | 10 Minuten

4 Scheiben Toastbrot

Butter

100 g Gruyère

100 g Cheddar

100 g Berger Backofenschinken

1. Das Toastbrot auf beiden Seiten mit Butter bestreichen. Die Käsesorten reiben und vermengen. Den Käse auf zwei Scheiben Brot verteilen, Schinken darauflegen, wieder mit Käse belegen und die zwei anderen Scheiben darauflegen und zusammenpressen.

2. Etwas Butter in einer Pfanne zerlaufen lassen und die zwei Brote auf mittlerer Hitze langsam goldbraun braten, wenden und wiederholen.

3. Es ist wichtig, den Toast langsam zu braten, damit der Käse innen schmilzt.

Tipp: Wer möchte, kann zusätzlich zum Käse noch etwas Kimchi in den Toast geben.

Ofen-Pancake

4 Portionen | 35 Minuten

Besondere Utensilien:
Gusseisenpfanne

6 Eier

230 ml Milch

225 g Mehl

1 TL Kotányi Vanille Bourbon
Paste

1 Prise Zimt

5 EL Butter

Topping
Speck

Gesalzene Butter

Ahornsirup

1. Den Backofen auf 230 Grad Ober- Unterhitze vorheizen und eine Gusseisenpfanne darin aufheizen.

2. Für den Teig Eier in einer Schlüssel leicht aufschlagen. Die restlichen Zutaten 5 Minuten aufschlagen.

3. Die Pfanne aus dem Ofen nehmen und die Butter darin schmelzen. Den Teig hineingießen und sofort wieder in den Ofen schieben. Den Pancake circa 20 bis 25 Minuten backen. In der Zwischenzeit den Speck knusprig braten.

4. Den Pancake aus dem Ofen nehmen und nach Belieben mit den Toppings belegen.

Cheddar-Schnittlauch-Waffeln
mit Sauerrahmdip

4 Portionen | 30 Minuten

Besondere Utensilien: Waffeleisen

Waffeln

120 g Mehl

70 g Maismehl (Polenta)

28 g Maizena

1 TL Backpulver

475 ml Buttermilch

2 Eier

60 g weiche Butter

90 g Cheddar, gerieben

½ Bund Schnittlauch

Salz

Schwarzer Pfeffer aus der Mühle

Dip

Sauerrahm

Salz

Schwarzer Pfeffer aus der Mühle

1. In einer Schüssel das Mehl, das Maismehl, die Maisstärke, das Backpulver, Salz und Pfeffer vermischen.

2. In einer kleinen Schüssel die Buttermilch und die Eier verquirlen und vorsichtig unter die trockenen Zutaten heben. Die weiche Butter einarbeiten, dann den geriebenen Cheddar und den geschnittenen Schnittlauch unterheben.

3. Das Waffeleisen vorheizen, den Teig eingießen und so lange backen, bis die Waffeln goldgelb sind.

4. Wenn die Waffeln fertig sind, können sie im Ofen warm gehalten werden.

5. Für den Dip Sauerrahm, Salz und Pfeffer verrühren.

6. Die Waffeln gemeinsam mit dem Sauerrahmdip anrichten.

Ist das wirklich vegan?

Bisher war vegan ja nicht so ganz meine Komfortzone, aber meinem Körper zuliebe habe ich viel experimentiert, um ohne geschmacklichen Verzicht fallweise auf tierische Produkte zu verzichten. Nicht alle in meiner Familie sind von dieser Idee begeistert, aber das stärkt die Motivation, sie vom Gegenteil zu überzeugen. Mit diesen Rezepten ist mir das Vorhaben vollinhaltlich gelungen, denn erst nach dem Essen kam die leicht verstörte Frage: „Ist das wirklich vegan?"

Baba Ganoush
mit selbst gemachtem Fladenbrot

4 Portionen | 1 Stunde

2 Melanzani

2 EL Zitronensaft

3 EL Tahini

1 EL Olivenöl

2 EL Sesam

2 Knoblauchzehen

Petersilie

Salz

Schwarzer Pfeffer aus der Mühle

Meersalz

Olivenöl (zum Servieren)

Fladenbrot

190 g Mehl

1 ½ TL Backpulver

1 TL Salz

2 EL Olivenöl

120 ml Wasser

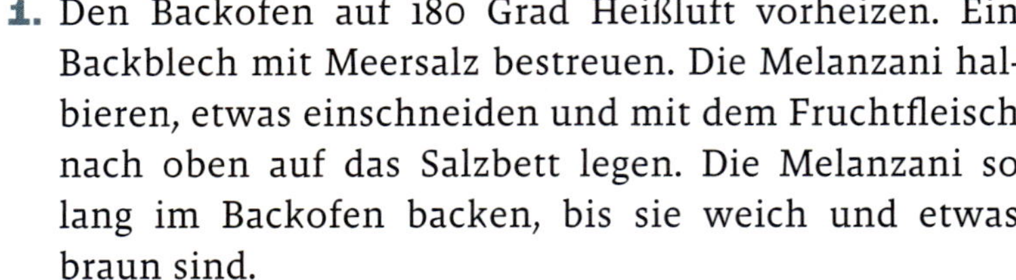

1. Den Backofen auf 180 Grad Heißluft vorheizen. Ein Backblech mit Meersalz bestreuen. Die Melanzani halbieren, etwas einschneiden und mit dem Fruchtfleisch nach oben auf das Salzbett legen. Die Melanzani so lang im Backofen backen, bis sie weich und etwas braun sind.

2. Das Fruchtfleisch auskratzen und gemeinsam mit den restlichen Zutaten mixen.

3. Für das Fladenbrot Mehl, Backpulver und Salz vermengen. Olivenöl und Wasser in einer weiteren Schüssel verrühren.

4. Die trockenen Zutaten mit der Öl-Wasser-Mischung vermengen und zu einem Teig kneten. Den Teig abdecken und 10 Minuten rasten lassen.

5. Den Teig in 4 Stücke teilen und zu Kugeln formen. Jede Kugel mit der Hand flach drücken. Eine Gusseisenpfanne erhitzen, etwas Olivenöl zugeben und die Teigfladen nacheinander braten.

6. Mit Olivenöl und Sesam anrichten.

Ein klassisch ausgebauter Zierfandler mit seiner Frische und den facettenreichen Zitrusnoten spielt mit den Aromen des Baba Ganoush.

Erdnuss-Udon-Nudeln

4 Portionen | 15 Minuten

400 g Udon-Nudeln

1 Gurke

Sauce

70 g Erdnussbutter

30 ml Sojasauce

1 TL Sesamöl

2 TL Sriracha-Sauce

2 Knoblauchzehen, gepresst

5 g Ingwer, gerieben

70 ml heißes Wasser

Zum Servieren

Sesam

Frühlingszwiebeln

1. Die Nudeln nach der Packungsanweisung kochen. Die Gurke mit einem Spiralschneider schneiden oder einfach mit dem Messer in feine Streifen schneiden.

2. Alle Zutaten für die Sauce vermengen und abschmecken.

3. Die Sauce, die Gurke und die Nudeln vermengen und anrichten. Mit Sesam und Frühlingszwiebeln garnieren.

Tipp: Sollte man keine Udon-Nudeln bekommen, kann man auch einfach Spaghetti verwenden.

Ein lebendiger Begleiter für dieses Gericht ist ein jugendlicher Grüner Veltliner aus der Wachau.

Geröstetes Wintergemüse
mit Zitronen-Dressing

4 Portionen | 45 Minuten

2 Karotten

½ Knollensellerie

½ Kopf Weißkraut

½ Hokkaido-Kürbis

3 EL Olivenöl

Salz

Schwarzer Pfeffer aus der Mühle

Dressing

Saft von 1 Biozitrone

3 EL Olivenöl

1 TL Dijonsenf

1 EL Ahornsirup

1 kleine Knoblauchzehe,
gepresst

Salz

Schwarzer Pfeffer aus der Mühle

Zum Servieren

Granatapfelkerne

Petersilie, gehackt

Veganer Feta (optional)

Eine erdige und gleichzeitig frische
Angelegenheit. Ein Orange-Wine mit
einer guten Dosis Gerbstoff ist dazu
die richtige Wahl.

1. Backofen auf 180 Grad (Umluft) vorheizen. Die Karotten und die Sellerie schälen und in Stifte schneiden. Das Weißkraut in schmale Streifen schneiden, beim Kürbis die Kerne entfernen und das Fruchtfleisch in Würfel schneiden.

2. Das ganze Gemüse in eine Schüssel geben, mit Olivenöl, Salz und Pfeffer vermischen und auf ein Backblech geben. 25 Minuten im Ofen rösten.

3. Inzwischen alle Zutaten für das Dressing verrühren.

4. Das Gemüse aus dem Ofen nehmen, auf eine Servierplatte geben und mit dem Dressing beträufeln. Mit Granatapfelkernen und Petersilie bestreut anrichten.

Tipp: Wenn man möchte, kann man das Ganze noch mit veganem Feta toppen.

Karotten-Sesam-Pita

mit Sriracha-Dip

4 Portionen | 35 Minuten

4 Pitabrote

4 mittelgroße Karotten

100 g geräucherter Tofu

1 EL Olivenöl

1 Knoblauchzehe

½ TL Kotányi Kreuzkümmel gemahlen

½ TL Paprikapulver

1 TL Tomatenmark

3 EL gehackte Petersilie

1 EL Sesamsamen

½ Eisbergsalat oder Salatherzen

Sauce

2 EL Sojajoghurt

2 EL Hummus

1 EL Sriracha-Sauce

1 EL Zitronensaft

Salz

Man kennt Welschriesling meist jung und frisch, zu diesem Gericht passt jedoch eine gereifte Variante besser.

1. Die Sesamsamen in einer kleinen Pfanne trocken rösten, bis sie zu hüpfen beginnen. Die Pfanne beiseitestellen.

2. Die Karotten schälen und grob raspeln. Den Tofu in 1 Zentimeter breite Streifen schneiden. Die Pfanne erhitzen, das Öl zugeben und die Karotten und den Tofu darin braten.

3. Mit Knoblauch, Kreuzkümmel, Paprikapulver und Tomatenmark würzen, noch weitere 3 Minuten rösten. Den Sesam untermischen.

4. Alle Zutaten für die Sauce gut verrühren, mit Salz und Zitronensaft abschmecken. Den Eisbergsalat oder die Salatherzen in Streifen schneiden.

5. Die Pitabrote quer durchschneiden, den Salat und dann die Karotten-Tofu-Fülle darauf verteilen. Die andere Brothälfte darauflegen, die Brote nochmals in der Pfanne beidseitig braten.

6. Die Brote einmal durchschneiden und mit dem Dip servieren.

Pulled-Mushroom-Burger

4 Portionen | 50 Minuten

2 vegane Burger-Buns

6 Kräuterseitlinge

2 EL Olivenöl

1 TL geräuchertes Paprikapulver

Chilipulver

Salz

4 EL BBQ-Sauce

Coleslaw

½ Krautkopf

1 Karotte

1 rote Zwiebel

5 EL vegane Mayonnaise

Saft von ½ Zitrone

1 EL Senf

1 EL Weißweinessig

½ Bund Petersilie

Salz

Schwarzer Pfeffer aus der Mühle

Ein großartiger Begleiter zum Burger ist der Pinot Noir mit seinen pilzigen, erdigen Aromen.

1. Für den Coleslaw das Kraut in feine Streifen schneiden, die Karotte raspeln und die Zwiebel fein schneiden. Die Petersilie hacken.

2. Alles mit den weiteren Zutaten vermischen und mit Salz und Pfeffer abschmecken.

3. Den Backofen auf 180 Grad Heißluft vorheizen.

4. Die Kräuterseitlinge mit einer Gabel in Streifen schaben, mit Olivenöl, Paprikapulver, Chilipulver, Salz und Pfeffer marinieren und auf einem Backblech circa 20 Minuten backen. Die Pilze aus dem Ofen nehmen und mit der BBQ-Sauce vermengen.

5. Die Burger-Buns in einer Pfanne kurz anrösten. Die Pilzmischung auf die Unterseite des Burgers geben, etwas Coleslaw darauf verteilen und die obere Hälfte des Buns daraufsetzen.

Lo-Mein-Nudeln

4 Portionen | 30 Minuten

200 g Soba-Nudeln
(Buchweizennudeln)

400 g fester oder extrafester
Tofu

2 EL Speisestärke

2 EL Öl zum Anbraten

1 EL Sojasauce

100 g blättrig geschnittene Pilze

1 große Karotte

1 rote Paprikaschote

¼ Rotkraut

100 g Erbsenschoten

Sauce

5 EL Sojasauce

1 EL Reisweinessig

1 EL brauner Zucker

Schwarzer Pfeffer aus der Mühle

1–2 TL Sriracha-Sauce
(je nachdem, wie scharf
man es haben möchte)

Zum Servieren

Frühlingszwiebeln

Sesamkörner

Rote-Chili-Würfel

Zu den japanischen
Buchweizennudeln mit ihrem
nussigen Aroma macht sich ein
nussiger, gehaltvoller Neuburger
sehr gut.

1. Den Tofu in ein Küchentuch legen, beschweren und 15 Minuten stehen lassen. Währenddessen einen Topf mit Wasser zum Kochen bringen und die Soba-Nudeln nach Packungsanweisung garen.

2. Die Karotte in dünne Stifte schneiden, die Paprikaschote waschen und ebenfalls in Streifen schneiden. Das Rotkraut fein blättrig schneiden. Die Erbsenschoten waschen, putzen und quer schräg halbieren.

3. Alle Zutaten für die Sauce verrühren.

4. Sobald die Zutaten vorbereitet sind, den gepressten Tofu in 1 Zentimeter große Würfel schneiden und in eine große Schüssel geben. Die Maisstärke darüberstreuen und den Tofu mit den Händen umrühren, bis er gleichmäßig überzogen ist. Man kann die Tofuwürfel mit dem Stärkemehl auch in einen Zippbeutel geben und gut durchschütteln.

5. 1 Esslöffel Bratöl in einem Wok erhitzen. Sobald das Öl heiß ist, den Tofu hineingeben und unter Rühren 10 bis 15 Minuten braten, bis der Tofu gebräunt und außen knusprig ist. In der letzten Minute 1 Esslöffel Sojasauce hinzugeben. Den Tofu aus dem Wok nehmen und beiseitestellen.

6. Den restlichen Esslöffel Bratöl in den Wok geben und die Pilze und Zuckerschoten darin etwa 2 bis 3 Minuten unter Rühren braten. Dann das restliche Gemüse hinzugeben und weitere 2 bis 3 Minuten anbraten. Bei Bedarf noch ein wenig Öl zugeben.

7. Die Nudeln, den Tofu und die Sauce hinzugeben, umrühren und nochmals eine Minute unter Rühren erhitzen, bis alles mit der Sauce überzogen ist. Die Nudeln und das Gemüse sollten die gesamte Sauce aufsaugen, aber wenn es zu trocken erscheint, noch 1 bis 2 Esslöffel Sojasauce unterrühren.

8. Mit geschnittenen Frühlingszwiebeln, Sesam und Chili anrichten.

Zwiebel-Spaghetti
mit Miso und Knoblauch

4 Portionen | 1,5 Stunden

1,2 kg Zwiebeln

50 ml Olivenöl

1 Knoblauchknolle

100 g weißes Miso

40 ml Weißweinessig

500 g Spaghetti

1. Den Ofen auf 180 Grad Heißluft vorheizen.

2. Die Zwiebeln schälen, in feine Streifen schneiden und in einer Pfanne mit Olivenöl und etwas Salz auf kleiner Flamme schmoren, bis sie weich und karamellisiert sind. Das kann bis zu 90 Minuten dauern.

3. Von der Knoblauchknolle das obere Ende abschneiden, auf eine Alufolie setzen und mit Olivenöl beträufeln. Die Knolle in Folie wickeln und im Ofen für circa 50 Minuten braten.

4. Den Knoblauch, die Hälfte der Zwiebeln, Essig, Miso und circa 100 Milliliter Wasser fein mixen.

5. Die Spaghetti noch vor „al dente" abseihen und mit der Zwiebelmasse und etwas Pastawasser fertig kochen. Mit den restlichen Zwiebeln anrichten.

Hier braucht es etwas Urwüchsiges!
Ein kräftige(ere)r weißer Naturwein
aus der Steiermark kann es locker
mit diesem Gericht aufnehmen.

Japanisches Gemüseomelett

4 Portionen | 20 Minuten

200 g Mehl

50 g Maisstärke

1 TL Backpulver

200 ml Wasser

1 TL Gemüsesuppenpulver

Salz

Schwarzer Pfeffer aus der Mühle

2 Frühlingszwiebeln

100 g Weißkraut

2 Karotten

3 EL Pflanzenöl

4 EL Röstzwiebeln

1 EL vegane Mayonnaise

2 EL Schnittlauchröllchen

Eventuell Sojasauce

1. Das Mehl mit Maisstärke, Salz und Backpulver vermischen, das Wasser mit der gekörnten Gemüsesuppe verrühren und zu den trockenen Zutaten geben. Mit dem Schneebesen so lange rühren, bis ein glatter Teig entsteht. Beiseitestellen.

2. Die Frühlingszwiebeln waschen, putzen und in feine Ringe schneiden. Das Kraut ebenfalls in feine Streifen schneiden. Die Karotten waschen, eventuell schälen, in Streifen schneiden oder grob raspeln.

3. Das Gemüse zum Teig geben, alles gut durchmischen, eventuell noch etwas nachsalzen und pfeffern.

4. Das Öl in einer Pfanne erhitzen, den Teig in vier Partien beidseitig goldbraun braten. Mit Mayonnaise beträufeln und mit Röstzwiebeln und Schnittlauch bestreuen. Wer mag, kann das Omelett beim Essen in Sojasauce dippen.

Ein reifer Sauvignon Blanc mit seinen gemüsigen Noten passt optimal zu diesem außergewöhnlichen Omelett.

Kokos-Porridge

4 Portionen | 20 Minuten

80 g Haferflocken (Feinblatt)

1 TL Chiasamen

150 g Wasser

400–450 g Kokosdrink

35 g Agavendicksaft (optional)

20 g Kokoschips

125 g Himbeeren

Heidelbeeren zum Bestreuen (optional)

Kokosjoghurt (optional)

1. Die Haferflocken, die Chiasamen, das Wasser und den Kokosdrink in einen Topf geben und 8 Minuten köcheln lassen. Den Agavendicksaft unterrühren und abschmecken.

2. Das Kokos-Porridge in 2 Schalen umfüllen, einen Esslöffel Kokosjoghurt daraufsetzen, mit Kokoschips, Himbeeren und Heidelbeeren bestreuen und warm servieren.

Zucchini-Schokolade-Kuchen

4 Portionen | 1 Stunde

160 g Mehl

50 g Kakaopulver

1 TL Backpulver

½ TL Salz

60 ml Sojamilch

100 ml Rapsöl

150 g brauner Zucker

½ TL löslicher Kaffee

1 TL Vanilleextrakt

1 reife Banane

250 g Zucchini

150 g gehackte Schokolade

Topping
Gehackte Schokolade

1. Den Ofen auf 175 Grad Heißluft vorheizen. Eine 25-cm-Kastenform mit Backpapier auskleiden.

2. Das Mehl, das Backpulver und das Kakaopulver verrühren.

3. Die Banane mit einer Gabel zerdrücken, mit Milch, Öl, Zucker und Vanilleextrakt verrühren und mit der Mehlmischung vermengen.

4. Die Zucchini raspeln und ausdrücken und mit der Schokolade unter den Teig heben.

5. Den Teig in die Kastenform leeren, mit etwas gehackter Schokolade bestreuen und circa 50 Minuten backen.

6. Den Kuchen aus dem Ofen nehmen, etwas überkühlen lassen und servieren.

Schokolade und eine Zweigelt Beerenauslese sind wie füreinander gemacht.

Fernweh

Es gibt Monate (vorzugsweise Februar und
November), da packt mich das Fernweh
dermaßen intensiv, dass es fast weh tut.
Der Schmerz verstärkt sich durch die rasch
einsetzende Einsicht, dass ich jetzt auf keinen
Fall wegfahren kann – dem Schreibtisch
und der Schule ist mein Fernweh nämlich
herzlich egal. Erste Hilfe liefern Rezepte, die
schon beim Kochen Urlaubserinnerungen
wachrufen: vom Risotto al limone bis zur
Bouillabaisse – und schon sind wir dem
Süden ein Stückchen näher.

Tapas

Pimientos de Padrón
4 Portionen | 5 Minuten

20 Pimientos de Padrón

Olivenöl

Grobes Meersalz

Pan con tomate
4 Portionen | 10 Minuten

2 große Tomaten (zum Beispiel
Ochsenherz)

Salz

1 Ciabatta oder Baguette

Olivenöl

2 Knoblauchzehen

Meersalzflocken

Patatas bravas
4 Portionen | 50 Minuten

3 EL Olivenöl

1 kleine Zwiebel

2 Knoblauchzehen

250 g gehackte Tomaten, aus der Dose

1 EL Tomatenmark

2 TL Paprikapulver

1 Prise Kotányi Chili granuliert

1 Prise Zucker

900 g Kartoffeln

Olivenöl

Gehackte Petersilie

---

1. Das Olivenöl in einer Pfanne erhitzen. Die Pimientos de Padrón zugeben und von allen Seiten ordentlich anbraten. Aus der Pfanne nehmen, mit Salz bestreuen und mit ein wenig Öl beträufeln.

Tipp: Die Pimientos de Padrón können auch super auf dem Grill zubereitet werden.

1. Die Tomaten halbieren, mit einer Reibe das Fruchtfleisch in eine Schüssel reiben und mit Salz abschmecken.

2. Das Brot in Scheiben schneiden, auf ein Blech legen und mit Olivenöl beträufeln. Nun im Backofen bei 180 Grad Heißluft oder in einer Pfanne knusprig braten. Sobald das Brot aus dem Ofen kommt, mit dem Knoblauch einreiben.

3. Anschließend die Tomaten mit einem Löffel darauf verteilen, mit Olivenöl beträufeln und je nach Geschmack mit Meersalzflocken bestreuen.

1. Die Zwiebel und den Knoblauch schälen und in feine Würfel schneiden.

2. Das Olivenöl in einem Topf erhitzen und die Zwiebel und den Knoblauch darin anschwitzen. Die restlichen Zutaten zugeben und die Sauce einkochen lassen.

3. Den Ofen auf 200 Grad Heißluft vorheizen.

4. Die Kartoffeln schälen, in kleine Würfel schneiden und mit einem Tuch trocken tupfen. Anschließend in etwas Olivenöl schwenken und auf einem Blech circa 40 bis 50 Minuten knusprig braten.

5. Die Kartoffeln anrichten und mit der Sauce beträufeln.

Cevapcici
mit Ajvar

4 Portionen | 1 Stunde und 20 Minuten

Ajvar
4 rote Paprika

Olivenöl

2 Knoblauchzehen

2 TL Weißweinessig

Salz

Schwarzer Pfeffer aus der Mühle

Cevapcici
2 Knoblauchzehen

2 Zwiebeln

6 EL Olivenöl

4 EL Ajvar

½ TL scharfes Paprikapulver

2 TL edelsüßes Paprikapulver

500 g Rinderfaschiertes

Salz

Schwarzer Pfeffer aus der Mühle

1. Den Ofen auf 240 Grad Ober- Unterhitze vorheizen. Die Paprika auf ein Blech legen und im Ofen so lange rösten, bis sie fast schwarz sind.

2. Aus dem Ofen nehmen, in eine Schüssel legen, mit Klarsichtfolie zudecken und circa 20 Minuten stehen lassen. Danach die Paprika schälen und entkernen.

3. Mit Knoblauch, Olivenöl, Salz und Pfeffer in einem Mixer fein mixen.

4. Die Masse in einen Topf geben und auf mäßiger Hitze köcheln lassen, bis das Ajvar etwas eingedickt ist.

5. Den Knoblauch fein hacken, die Zwiebeln fein würfeln und beides in 1 Esslöffel heißem Olivenöl andünsten. 4 Esslöffel Ajvar sowie das scharfe und edelsüße Paprikapulver zugeben und kurz mit rösten. Die Mischung in eine Schüssel geben und abkühlen lassen.

6. Das Faschierte mit der Zwiebelmischung, Salz und Pfeffer gut verkneten. Die Masse zu kleinen Rollen formen und in Olivenöl rundherum goldbraun braten.

7. Die Cevapcici gemeinsam mit dem Ajvar servieren.

Ein leichter, jugendlicher Merlot, kühl eingeschenkt, ist eine toller Partner für das Gericht mit Paprika.

Saganaki
mit Tsatsiki

4 Portionen | 20 Minuten

2 Blöcke Feta (oder griechischen Kefalotyri)

Mehl

Olivenöl

Zitrone

Tsatsiki

2 Gurken

4 Knoblauchzehen

1 Becher griechisches Joghurt

Salz

Schwarzer Pfeffer aus der Mühle

1. Den Feta aus der Packung nehmen und sehr gut abtropfen lassen.

2. Den Käse in Mehl wenden und in Olivenöl braten. Die Pfanne sollte nicht zu heiß sein.

3. Für das Tsatsiki die Gurken entkernen, reiben und salzen. Etwas stehen lassen und das Wasser abgießen.

4. Den Knoblauch pressen, mit Joghurt und Gurken vermengen und mit Olivenöl, Salz und Pfeffer abschmecken.

Zum würzigen griechischen Gericht auf Tomatenbasis macht sich ein gekühlt servierter Rotwein à la Portugieser ganz fein.

Fish and Chips

4 Portionen | 2 Stunden

Fish

200 g glattes Mehl

200 g Reismehl

1 TL Backpulver

1 EL Honig

150 ml Wodka

300 ml Bier

150 ml Mineralwasser

Pflanzenöl zum Frittieren

4 Steinbuttfilet

Salz

Schwarzer Pfeffer aus der Mühle

Zitrone zum Garnieren

Chips

1 kg Kartoffeln

Pflanzenöl zum Frittieren

Salz

Zu Fish and Chips gehört
einfach ein klassisches
English Pale Ale. Besser
und lässiger geht es nicht!

1. Das glatte Mehl, das Reismehl und das Backpulver in eine Schüssel geben.

2. Den Honig und den Wodka vermengen und zum Mehl geben, sodass eine Teigmischung entsteht. Das Lagerbier in den Teig einrühren. Es macht nichts, wenn die Konsistenz ein wenig klumpig ist.

3. Den Teig für 30 Minuten im Kühlschrank ruhen lassen.

4. Das Öl auf 220 Grad erhitzen.

5. Die Steinbuttfilets mit Küchenpapier trocknen. Gut würzen, dann mit Reismehl bestäuben (damit der Teig an den Filets haftet) und das überschüssige Mehl abschütteln.

6. Den Fisch im Teig wenden und in das heiße Öl legen. Während der Fisch frittiert wird, kann noch etwas Teig darauf geträufelt werden, um eine schöne Kruste zu bekommen. So lange frittieren, bis der Teig eine goldbraune Farbe annimmt.

7. Für die Chips die Kartoffeln schälen, in die gewünschte Größe schneiden und unter fließendem Wasser die Stärke abwaschen. Nun die Kartoffeln in einem Topf mit gesalzenem Wasser bissfest kochen.

8. Anschließend auf einem Gitter – am besten im Kühlschrank – auskühlen lassen.

9. In der Zwischenzeit das Öl auf 130 Grad erhitzen. Die kalten Pommes darin kurz frittieren, wieder abtropfen lassen und das Ganze bei 190 Grad wiederholen.

10. Die Pommes mit dem Fisch und etwas Zitrone servieren.

Tipp: Wer möchte, kann etwas Weißweinessig über den Fisch träufeln.

Risotto al limone

1. Die Zitronen mit einem Sparschäler schälen, die Schalen in kochendes Wasser geben und zwei Minuten kochen lassen. Die Schalen abgießen und kurz mit kaltem Wasser abspülen. Die Schalen nun mit etwas Salz zu einer Paste mixen.

2. Für das Risotto die Zwiebel fein würfeln und in einem Topf mit Olivenöl kurz anschwitzen. Den Reis zugeben und kurz mit rühren, dann mit dem Weißwein ablöschen. Köcheln lassen, bis der Wein verdampft ist, dann nach und nach mit dem heißen Gemüsefond aufgießen.

3. Kurz vor Ende der Gardauer (der Reis sollte noch Biss haben) den Parmesan, die Butter, die Zitronenpaste und den Saft einer halben Zitrone unterrühren.

Tipp: Wenn man die Schalen zwei oder dreimal in Wasser kocht, kann man den leicht bitteren Geschmack noch mehr minimieren.

Unbedingt dazu probieren: einen erfrischenden Kamptaler Riesling. Seine Zitrusnoten finden sich im Risotto wieder.

Pasta Carbonara

4 Portionen | 20 Minuten

400 g Spaghetti oder Paccheri
8 Eidotter
350 g Guanciale
80 g Pecorino oder Parmesan
Schwarzer Pfeffer aus der Mühle

Ein im Holz gereifter Chardonnay,
kräftig und würzig, kann es
wunderbar mit der intensiven
Carbonara aufnehmen.

1. Die Nudeln in kochendem Wasser – wie auf der Packung angegeben – kochen.

2. Den Guanciale in kleine Würfel schneiden und anbraten, damit sie außen knusprig und innen weich werden.

3. In einer Schüssel die Eidotter, den Parmesan und das ausgelassene Fett des Guanciale verrühren.

4. Sobald die Nudeln al dente sind, mit der Parmesan-Ei-Mischung, Pfeffer aus der Mühle und den Guanciale-Würfeln in einer Schüssel vermischen, ein wenig Nudelwasser dazugeben und alles verrühren, bis eine cremige Masse entsteht.

5. Die Nudeln auf Tellern anrichten und mit etwas Pecorino und Pfeffer bestreuen.

Tipp 1: Wenn man möchte, kann man den schwarzen Pfeffer auch zuerst in einer Pfanne rösten und dann mit einem Möser zerstoßen – dadurch entfaltet sich der Geschmack noch besser.

Tipp 2: Guanciale ist ein lufgetrockneter Speck aus der Schweinebacke. Sollte man ihn nicht bekommen kann man auch Pancetta oder einen anderen fetten Speck verwenden.

Bœuf bourguignon

4 Portionen | 3 Stunden

Besondere Utensilien: Schmortopf

200 g kleine Schalotten

200 g Zwiebeln

200 g durchwachsener Speck

400 g Karotten

1 kg Rindfleisch

100 g Mehl

5 EL Öl

1 EL Tomatenmark

550 ml Rotwein

550 ml Rinderfond

1 Stk. Bouquet garni (je 2 Stängel Thymian und Petersilie sowie ein Lorbeerblatt)

250 g Champignons

1 EL Butter

Salz

Schwarzer Pfeffer aus der Mühle

Hier darf es ruhig kräftiger werden, zum Beispiel mit einer Blaufränkisch Reserve vom Leithaberg (DAC Reserve).

1. Die Schalotten schälen und im Ganzen lassen. Die Zwiebeln schälen und klein hacken.

2. Den Speck in 5 Millimeter breite Streifen schneiden. Die Karotten schälen und in 4 Zentimeter lange Stifte schneiden.

3. Das Rindfleisch (zum Beispiel Bioschulterscherzel) waschen, trocknen und in circa 5 x 3 Zentimeter große Stücke schneiden. Mit Mehl rundum bestäuben, das überschüssige Mehl abklopfen (das Fleisch soll rundum mit einer dünnen Mehlschicht überzogen sein).

4. Einen großen Schmortopf erhitzen. 2 Esslöffel Öl zugeben und die Schalotten und Karotten etwa 6 Minuten rundum anschwitzen. Aus dem Topf nehmen und beiseitestellen.

5. Das restliche Öl in den Topf geben, Fleisch darin partienweise bei großer Hitze rundum anbraten. Gebratenes Fleisch auf einem Teller „zwischenlagern".

6. Im selben Fett den Speck glasig anschwitzen. Das Fleisch mit dem Gemüse wieder zurück in den Schmortopf geben, das Tomatenmark mit rösten, mit Rotwein ablöschen und ein paar Minuten einkochen lassen. Den Rinderfond und das Boquet garni zugeben, mit Salz und Pfeffer würzen und das Ganze auf kleiner Hitze zugedeckt 2 Stunden schmoren lassen.

7. Die Pilze putzen, in 1 Esslöffel Butter goldbraun anbraten und pfeffern. Erst am Ende, wenn sie rundum angebraten sind, salzen.

8. Das Fleisch und die Sauce kosten – das Fleisch sollte sehr weich sein und die Sauce kräftig –, eventuell nachwürzen. Die gebratenen Pilze darüberstreuen und mit Serviettenknödeln, Nockerln oder einfach nur Weißbrot servieren.

Bouillabaisse

4 Portionen | 30 Minuten

100 ml trockener Weißwein

12 Miesmuscheln

500 ml Fischfond

2–3 EL Olivenöl

1 Zwiebel, fein gehackt

3 Knoblauchzehen

1 kleine Fenchelknolle, längs in Streifen geschnitten

400 g reife Tomaten

1 EL Tomatenmark

2 Lorbeerblätter

2 Thymianzweige

Etwas Fenchelgrün

½ TL Safranfäden

1 Stück Orangenschale

3 Kartoffeln, geschält und in dicke Scheiben geschnitten

800 g gemischter Fisch (zum Beispiel Rotbarbe, Wolfsbarsch, Brasse)

4 Riesengarnelen, ohne Kopf und Schale

Salz

Schwarzer Pfeffer aus der Mühle

Zum Servieren

Baguette

Ein leichter Rosé plus diese Bouillabaisse und man fühlt sich gleich wie im Urlaub in Südfrankreich.

1. Den Weißwein im Bräter aufkochen, die Muscheln hinzufügen und zugedeckt 4 bis 5 Minuten garen, bis sie sich öffnen. Alle ungeöffneten Muscheln entsorgen. Die Muscheln beiseitestellen und den Muschelsud durch ein Sieb zum Fischfond gießen. Den Bräter auswaschen.

2. Das Olivenöl im Bräter erwärmen. Die Zwiebel, den Knoblauch und den Fenchel hinzufügen und circa 10 Minuten anschwitzen, ohne dass das Gemüse Farbe annimmt. Die Tomatenwürfel, das Tomatenmark, die Gewürze, Safran und die Orangenschale hinzufügen, alles miteinander verrühren und 1 bis 2 Minuten weitergaren lassen.

3. Jetzt den Fischfond und die Kartoffelscheiben hinzugeben und mit Salz und Pfeffer abschmecken. Alles aufkochen lassen und dann auf kleiner Hitze 15 bis 20 Minuten köcheln, bis die Kartoffeln weich sind.

4. Zuerst die festeren Sorten Fisch, die länger kochen müssen, sowie die Garnelen in die Suppe geben. Dann die restlichen Fischsorten hinzufügen. Die Fischstücke etwa 3 bis 5 Minuten in der leicht köchelnden Suppe ziehen lassen, bis sie gerade gar sind.

5. Zum Schluss die Muscheln in der Suppe erwärmen.

6. Die Bouillabaisse mit Baguette servieren.

Moussaka

4 Portionen | 2 Stunden

2 kg Melanzani

2 Zwiebeln

700 g Rinderfaschiertes

4 Knoblauchzehen

750 g Tomaten, aus der Dose

200 ml Weißwein

2 EL Tomatenmark

Oregano

60 g Butter

40 g Mehl

1 l Milch

Kotányi Muskatnuss

Zimt

Salz

Schwarzer Pfeffer aus der Mühle

Eine dichte Rotweincuvée mit ihrer kraftvollen Struktur kann mit diesem Gericht locker mithalten.

1. Die Melanzani in finderdicke Scheiben schneiden, einsalzen und ziehen lassen. Mit einer Küchenrolle abtupfen, in Olivenöl auf beiden Seiten anbraten und wieder mit einer Küchenrolle abtupfen.

2. Die Zwiebeln und den Knoblauch schälen und fein würfeln. Die Zwiebeln in etwas Olivenöl anschwitzen, das Faschierte und den Knoblauch mit braten.

3. Das Tomatenmark zugeben, mit Weißwein ablöschen und so lange köcheln, bis die Flüssigkeit verkocht ist. Die gehackten Tomaten aus der Dose in ein Sieb geben und etwas abtropfen lassen, dann in den Topf geben. Mit Salz, Pfeffer und gehacktem Oregano abschmecken.

4. Für die Béchamelsauce die Butter schmelzen lassen, das Mehl zugeben und mit einem Kochlöffel verrühren. Nun die Milch zugeben und köcheln lassen, bis die Sauce eindickt.

5. Mit Salz, Pfeffer, Muskat und viel Zimt abschmecken.

6. Eine Auflaufform mit Olivenöl ausstreichen und die Melanzani mit dem Sugo und der Béchamelsauce schichten. Die Béchamelsauce sollte die letzte Schicht bilden.

7. Das Moussaka anschließend bei 180 Grad (Umluft) circa 45 Minuten backen.

Sorbet
aus Himbeeren und Zitronen

Jeweils 1 Liter | 15 Minuten + 6 Stunden Gefrierzeit

Himbeersorbet
800 g gefrorene Himbeeren

Saft 1 Zitrone

5 EL Vanillezucker

1. Die Himbeeren kurz antauen lassen und mit dem Zitronensaft und dem Zucker in einem Standmixer mixen.

Tipp: Am besten isst man das Sorbet gleich. Sollte man es aufheben wollen, ist es wichtig, es vor dem Essen etwas antauen zu lassen.

Zitronensorbet
500 ml Wasser

400 g Zucker

500 ml Zitronensaft

1. Das Wasser und den Zucker zu einem leichten Sirup kochen und abkühlen lassen.

2. Den Sirup mit dem Zitronensaft vermengen, in eine flache Form geben und gefrieren lassen.

3. Stündlich die Masse mit einer Gabel verrühren, damit sich die Eiskristalle zerkleinern und das Sorbet cremig wird.

Natural Born Griller

Auf den folgenden Seiten geht es um Erfolgsrezepte für den Griller – es muss nicht immer das Schweinskotelett sein (kann es aber), denn es gibt so viel mehr, das durch die starke Hitze und das rauchige Aroma auf dem Rost eine echte Alchemie erfährt. Obendrein ist jedes Rezept ein logistisches Wunder, das man perfekt vorbereiten kann und dann erst zum richtigen Zeitpunkt der Glut näherbringt. Kaum etwas triggert bei mir so sehr Sommergefühle wie gekonnt Gegrilltes.

Karreesteak
mit Corn Ribs

4 Portionen | 2 Stunden

4 Berger Regional Optimal
Karreesteaks

50 ml Sojasauce

3 EL brauner Zucker

2 EL Worcestershiresauce

1 EL Dijonsenf

2 Knoblauchzehen, gepresst

Schwarzer Pfeffer aus der Mühle

Corn Ribs

2 Maiskolben

3 EL Pflanzenöl

Kotányi Paprika edelsüß

Salz

Schwarzer Pfeffer aus der Mühle

Die ideale Begleiterin ist eine
leichte fruchtbetonte Rotwein-
Cuvée auf Basis von Zweigelt,
so wie der Rubin Carnuntum.

1. Alle Zutaten für die Fleischmarinade verrühren und das Fleisch darin 1 Stunde marinieren.

2. Anschließend auf den Grill legen und auf beiden Seiten goldbraun grillen. Bei indirekter Hitze 10 Minuten ziehen lassen.

3. Für die Corn Ribs den Mais der Länge nach vierteln. Den Mais mit Öl, Paprikapulver, Salz und Pfeffer marinieren und für etwa 7 Minuten auf den Grill legen.

4. Mit dem Karreesteak anrichten und mit einer Grillsauce servieren.

Sticky Pork Belly

mit Stangenbrokkoli

4 Portionen | 45 Minuten

4 Berger Regional Optimal
Schweinebauchstreifen

Salz

60 ml Sojasauce

100 g Honig

1 EL Fischsauce

300 g Stangenbrokkoli

Saft 1 Zitrone

Olivenöl

Salz

Schwarzer Pfeffer aus der Mühle

1. Den Schweinebauch auf beiden Seiten mit Salz einreiben. Auf direkter Hitze auf den Grill legen und auf beiden Seiten goldbraun anbraten.

2. In der Zwischenzeit die Sojasauce, den Honig und die Fischsauce zu einer Marinade verrühren.

3. Das Fleisch auf indirekter Hitze grillen und mit der Marinade alle 5 Minuten bestreichen. Zwischen dem Bestreichen den Deckel des Grills immer schließen. Insgesamt dauert der Vorgang etwa 30 Minuten.

4. Den Stangenbrokkoli für einige Minuten grillen, in eine Schüssel geben und mit Salz, Pfeffer, Zitronensaft und Olivenöl marinieren.

Ein frischer, pfeffriger Grüner Veltliner aus dem Weinviertel unterstützt dieses Gericht perfekt.

Hotdogs
mit karamellisierten Zwiebeln und Sommersalat

Hotdogs mit karamellisierten Zwiebeln
4 Portionen | 35 Minuten

4 Berger Regional Optimal Wachauer Bratwürstel

4 Hotdog-Buns

4 Zwiebeln, gehackt

2 EL Butter

2 EL Apfelessig

½ Bund glatte Petersilie, gehackt

1 EL Olivenöl

60 g grobkörniger Senf

1. In einer beschichteten Pfanne bei mittlerer Hitze die Zwiebeln in der Butter goldbraun anbraten (etwa 15 Minuten). Mit Salz und Pfeffer würzen. Mit der Hälfte des Essigs ablöschen und beiseitestellen.

2. Die Bratwürstel goldbraun grillen, ebenso die Hotdog-Buns.

3. In der Zwischenzeit in einer kleinen Schüssel die Petersilie mit dem restlichen Essig und dem Öl verrühren. Mit Salz und Pfeffer würzen.

4. Die Buns mit dem Senf bestreichen und mit den Würstchen, den karamellisierten Zwiebeln und der Petersilie belegen.

Sommer-Hotdogs
4 Portionen | 35 Minuten

4 Berger Regional Optimal Wachauer Frankfurter

4 Hotdog-Buns

200 g Frischkäse

5 Radieschen

2 Minigurken

½ rote Zwiebel

5 Stängel Dille

1 EL Apfelessig

2 EL Olivenöl

1 TL Honig

Salz

Schwarzer Pfeffer aus der Mühle

1. Die Radieschen, die Gurken und die Zwiebel in dünne Scheiben schneiden.

2. Die Frankfurter etwas einritzen und mit den Buns auf den Grill legen.

3. Für die Marinade die Dille hacken, mit Essig, Öl und Honig verrühren und mit Salz und Pfeffer abschmecken. Das Gemüse darin marinieren.

4. Die Buns mit Frischkäse bestreichen, die Würstchen hineinlegen und mit dem Gemüse belegen.

Chili-Garnelen
mit Aioli

4 Portionen | 15 Minuten

8 Riesengarnelen

4 Knoblauchzehen

1 rote Chilischote

½ Bund Petersilie

Olivenöl

Salz

Schwarzer Pfeffer aus der Mühle

Geröstetes Brot

Aioli

1 Ei

250 ml Öl

1 EL Senf

1 EL Essig

4 Knoblauchzehen

1. Den Knoblauch und den Chili in feine Würfel schneiden. Die Petersilie fein hacken.

2. Das Olivenöl mit den Chilischoten, dem Knoblauch sowie Salz und Pfeffer verrühren.

3. Die Garnelen mit der Hälfte der Marinade marinieren und kurz auf direkter Hitze grillen.

4. Für die Aioli alle Zutaten in einen hohen Mixbecher geben und mit dem Stabmixer vorsichtig mixen.

5. Die Garnelen mit der restlichen Marinade anrichten, mit Petersilie bestreuen und mit der Aioli und geröstetem Brot servieren.

Ein Wachauer Riesling mit feiner Restsüße komplementiert die Schärfe der Garnelen.

Gegrilltes Schweinsfilet
mit Bohnen-Tomaten-Salat

4 Portionen | 35 Minuten

2 150-g-Berger-Regional-Optimal-
Schweinsfilets

1 EL Koriandersamen

2 TL Fenchelsamen

Eine gute Prise getrocknete
Chiliflocken

3 EL Olivenöl

500 g reife Kirschtomaten (am
besten Blumauer)

1 400-g-Dose weiße Bohnen
(zum Beispiel Cannellini oder
Butterbohnen), abgetropft und
abgespült

Für das Dressing
1 EL Rotweinessig

Ein Spritzer Zitronensaft

3 EL kaltgepresstes Olivenöl

1 TL Dijonsenf

Salz

Schwarzer Pfeffer aus der Mühle

Zum Servieren
Eine gute Handvoll frische
Basilikumblätter

Eine gute Handvoll Rucola

Perfekt in Szene setzt
das Filet ein leicht
gekühlter Merlot aus
dem Burgenland.

1. Die Schweinsfilets in eine flache Form geben. Die Koriander- und Fenchelsamen sowie die Chiliflocken in einem Mörser grob zerstoßen und mit 2 EL Olivenöl vermischen.

2. Die Marinade auf dem Fleisch verteilen, kräftig mit Salz und Pfeffer würzen und 15 Minuten ziehen lassen.

3. In der Zwischenzeit die Tomaten waschen, halbieren und mit den Bohnen in eine Schüssel geben. Alle Zutaten für das Dressing vermischen und über die Tomaten und Bohnen gießen.

4. Die Hälfte der Basilikumblätter und des Rucola unterziehen.

5. Den Grill erhitzen und die marinierten Schweinsfilets von allen Seiten goldbraun grillen, in Alufolie wickeln und entweder auf eine Steinplatte oder an eine Stelle im Griller legen, die indirektes Grillen erlaubt.

6. Die Filets 10 bis 12 Minuten im geschlossenen Griller nachziehen lassen. Anschließend aus dem Griller nehmen, noch in der Folie 5 Minuten ruhen lassen, dann in Scheiben schneiden und vorsichtig durch den Bohnen-Tomaten-Salat schwenken.

7. Mit den restlichen Basilikumblättern und dem Rucola bestreuen und servieren.

Grillsaucen

Green-Goddess-Sauce | 15 Minuten

1 Ei

250 ml Öl

1 EL Senf

1 EL Essig

100 ml Sauerrahm

4 Frühlingszwiebeln, gehackt

4 Anchovisfilets, gehackt

3 EL gehackte Petersilie

2 EL Estragonessig

Salz

Schwarzer Pfeffer aus der Mühle

1. Für die Aioli das Ei, das Öl, den Senf und den Essig in einen hohen Mixbecher geben und mit dem Stabmixer vorsichtig mixen.

2. Alle restlichen Zutaten unter die fertige Mayonnaise rühren. Mit Salz und frisch gemahlenem schwarzem Pfeffer abschmecken.

BBQ-Sauce | 15 Minuten

225 g Ketchup

50 g brauner Zucker

Saft 1 Orange

2 EL Apfelessig

2 TL Worcestershiresauce

2 TL Chilipulver

1 TL Salz

2 Knoblauchzehen

1 TL Paprikapulver

Salz

Schwarzer Pfeffer aus der Mühle

1. Alle Zutaten in einen Topf geben und bei mittlerer Hitze einreduzieren lassen, bis die Sauce die gewünschte Konsistenz hat.

Currysauce | 15 Minuten

5 EL Ketchup

5 EL Senf

1 Zwiebel

Currypulver

Salz

Schwarzer Pfeffer aus der Mühle

1. Die Zwiebel in kleine Würfel schneiden und mit den restlichen Zutaten vermengen.

Hühner-Halloumi-Spieße
mit Zitronen

4 Portionen | 25 Minuten

Besondere Utensilien: Metallspieße

800 g Hühnerbrust (ohne Haut
und ohne Knochen)

400 g Halloumi (in Würfel
geschnitten)

2 Zitronen, halbiert und in 5 mm
dicke Stücke geschnitten

Salz

Schwarzer Pfeffer aus der Mühle

80 ml Olivenöl

Saft von ½ Zitrone

2 Knoblauchzehen

1 EL frischer Rosmarin

Salz

Zum Servieren

Frisches Basilikum und
Zitronenspalten

8 Metallspieße

Der rare Neuburger mit
seiner cremig-nussigen Art
passt wunderbar zu Geflügel.

1. Das Olivenöl, den Zitronensaft und die Zitronenschale, außerdem Rosmarin, Salz und Pfeffer verrühren und die zwei Knoblauchzehen dazupressen.

2. Die Hühnerbrüste waschen, putzen und in circa 3 Zentimeter große Würfel schneiden. Die Hühnerwürfel zur Marinade geben, alles gut vermischen und 10 bis 15 Minuten kühl marinieren lassen.

3. Den Grill vorheizen.

4. Den Halloumi in 3 Zentimeter große Würfel schneiden. Die Zitronen halbieren und in 5 Millimeter dicke Scheiben schneiden.

5. Die Hühnerwürfel, den Halloumi und die Zitronenscheiben abwechselnd auf 8 Metallspieße stecken und 10 bis 12 Minuten grillen, bis sie goldbraun und durch sind.

6. Mit Basilikumblättern und Zitronenspalten anrichten. Dazu passt Reis oder Quinoa.

Miso-Aubergine

4 Portionen | 25 Minuten

4 Auberginen

Olivenöl

3 EL Miso

3 EL Mirin

3 EL Zucker

Frühlingszwiebel

Sesam

1. Die Auberginen halbieren und die Innenseite einschneiden. Mit etwas Olivenöl bestreichen und auf beiden Seiten goldbraun grillen.

2. Währenddessen alle Zutaten für die Marinade verrühren. Die Auberginen mit der eingeschnittenen Seite auf indirekter Hitze grillen und mit der Marinade bestreichen. Bei geschlossenem Deckel circa 10 Minuten fertig garen.

3. Vom Grill nehmen und mit Frühlingszwiebeln und Sesam bestreuen.

Die Würze der Misopaste findet man auch in einem würzigen, dicht strukturierten Roten Veltliner wieder.

Maissalat
mit Chilischinken

4 Portionen | 20 Minuten

5 Maiskolben, vorgekocht

1½ Esslöffel kaltgepresstes Olivenöl

500 g Kirschtomaten

2 Handvoll Rucola

1 Avocado

1 Spitzpaprika

4 Frühlingszwiebeln, fein gehackt

2 EL frisch gehackte Petersilie

2 Jalapeño-Chilis

200 g Berger Chilischinken

2 TL Salz

Schwarzer Pfeffer aus der Mühle

Für das Dressing

Saft von 3 Limetten

5 EL Olivenöl

1 EL Honig

½ TL Paprikapulver

½ TL Cayennepfeffer

1 TL Salz

Schwarzer Pfeffer aus der Mühle

Knackiges sommerliches Gemüse, ein frisches Dressing und ein kühler Welschriesling sind ein gutes Gespann.

1. Für das Dressing alle Zutaten miteinander verrühren.

2. Die Maiskolben auf den heißen Griller legen und grillen.

3. In der Zwischenzeit die Kirschtomaten halbieren, den Spitzpaprika in Streifen schneiden, die Jalapeños hacken, die Avocado in Würfel und den Schinken in Streifen schneiden.

4. Den Mais vom Griller nehmen und die Maiskörner mit einem Messer vom Kolben abrebeln. Alle Zutaten vermengen und mit dem Dressing marinieren.

Glasierte Ananas
mit Limetten-Crème-fraîche

4 Portionen | 20 Minuten

1 Ananas

100 ml brauner Rum

2 EL brauner Zucker

¼ TL Muskatnuss

¼ TL Piment

¼ TL Zimt

200 g Crème fraîche

Schale und Saft von 2 Limetten

1. Die Ananas schälen und in 8 Spalten schneiden.

2. Den Rum, den Zucker und 50 ml Wasser aufkochen und etwas einkochen lassen, anschließend die Gewürze zugeben.

3. Die Ananas auf den Grill legen und von beiden Seiten anbraten, sodass sie eine schöne Farbe bekommt. Nun mit dem Rumsirup bestreichen und noch ein paar Minuten weiter grillen.

4. In der Zwischenzeit die Crème fraîche mit dem Saft und der abgeriebenen Schale der Limetten verrühren.

Tipp: Wer den Extrakick möchte, kann gehackte Chilis darüberstreuen.

Nachdem die Ananas damit glasiert ist, darf man auch ein Gläschen gereiften Rum dazu trinken.

Große Party für kleine Menschen

Kindergeburtstag ist tendenziell für meine Kinder unterhaltsamer als für mich. Ich rase von der Küche zum Minibuffet, um Nachschub zu holen, mit der Küchenrolle bewaffnet, weil gerade der Himbeersaft nicht den Weg zum Becher gefunden hat und doch jemand heimlich Konfetti gestreut hat, das nun ein klebriges Bad auf dem Parkett nimmt. Meine Belohnung nach der Party: die leuchtenden Augen meiner Kinder, ihre zufriedene Müdigkeit – und die Reste des Partybuffets.

Cupcakes

24 Cupcakes | 1,5 Stunden

Besondere Utensilien:
Cupcakeformen

80 g weiche Butter

280 g Zucker

½ Päckchen Vanillezucker

240 g Mehl

1 EL Backpulver

¼ TL Salz

2 Eier

240 ml Vollmilch

Für das Frosting

500 g Staubzucker

½ Päckchen Vanillezucker

160 g Butter

50 ml Vollmilch

Lebensmittelfarbe

1. Den Backofen auf 190 Grad (Umluft: 170 Grad) vorheizen. Die Cupcakeförmchen in die Mulden des Muffinblechs setzen. Für den Teig die Butter, den Zucker, den Vanillezucker, das Mehl, das Backpulver und das Salz mit dem Handrührgerät bei niedriger Geschwindigkeit verrühren, bis eine sandige Masse entstanden ist.

2. Die Eier und die Milch verquirlen. Drei Viertel der Flüssigkeit langsam unter die sandige Masse heben. An den Schüsselwänden haftende Zutaten mit einem Teigschaber lösen. Die restliche Milchmischung zugießen und alles bei mittlerer Geschwindigkeit zu einem glatten Teig verrühren.

3. Die Papierförmchen zu zwei Drittel mit Teig füllen. Die Cupcakes im Backofen 18 bis 20 Minuten backen, bis die Oberfläche bei sanftem Druck „zurückfedert". Garprobe: mit einem Holzstäbchen in ein Küchlein stechen. Wenn beim Herausziehen kein Teig mehr am Stäbchen haftet, sind die Cupcakes fertig.

4. Die Cupcakes kurz abkühlen lassen, dann aus dem Blech lösen und auf einem Kuchengitter vollständig auskühlen lassen.

5. Inzwischen für das Frosting den Staubzucker, den Vanillezucker und die Butter mit dem Handrührgerät bei niedriger Geschwindigkeit zu einer Masse vermischen. Die Milch langsam unterrühren und anschließend alles bei hoher Geschwindigkeit zu einer luftig-leichten Masse aufschlagen. Das Frosting nach Wunsch in Portionen teilen und jeweils einige Tropfen Lebensmittelfarbe unterrühren, bis die gewünschte Farbe erreicht ist.

6. Das Frosting mit einer Palette oder einem Spritzsack verteilen.

Tipp: Für das gewisse Etwas können dem Teig Schokostückchen, Himbeeren oder Heidelbeeren untergemischt werden.

Schmetterlingstorte

2,5 Stunden

200 g weiche Butter
180 g Zucker
¼ TL gemahlene Vanille
Abgeriebene Schale von
½ Biozitrone
4 Eier
250 g Mehl
30 g Speisestärke
3 TL Backpulver
¼ TL Salz
150 g Sauerrahm oder Joghurt

Creme
100 g Staubzucker
250 g Frischkäse
100 g weiche Butter
¼ TL gemahlene Vanille
Lebensmittelfarbe

Fondant
Lebensmittelfarbe
Weiße Zuckerschrift
Zuckerperlen/Zuckerstreusel

1. Den Backofen auf 175 Grad (Ober- und Unterhitze) vorheizen. Eine 24 Zentimeter große Springform einfetten.

2. Die Butter, den Zucker, die Vanille und die Zitronenschale in einer Schüssel schaumig schlagen.

3. Die Eier einzeln gut einrühren.

4. Das Mehl, die Speisestärke, das Backpulver und Salz in eine zweite Schüssel sieben und abwechselnd mit dem Sauerrahm oder dem Joghurt in den Teig rühren.

5. Den Teig in die Springform geben und im Ofen auf mittlerer Schiene 45 Minuten backen. Herausnehmen, 10 Minuten abkühlen lassen und die Springform entfernen. Den Kuchen auf einem Kuchengitter vollständig abkühlen lassen.

6. Den Kuchen halbieren und die zwei Halbkreise mit der Rundung gegengleich aneinanderlegen.

7. Den Staubzucker, den Frischkäse und die Vanille glatt rühren. Nach und nach die Butter und die Lebensmittelfarbe dazugeben. Es ist sehr wichtig, dass die Butter richtig weich ist, denn sonst vermischt sie sich nicht mit den anderen Zutaten und es bleiben kleine Klümpchen zurück. Den Kuchen rundherum mit der Creme bestreichen.

8. Den Fondant in der gewünschten Farbe einfärben und über den Kuchen legen. Glatt streichen und den Kuchen verzieren.

Party-Popcorn

15 Minuten

80 g Maiskörner

8 EL Pflanzenöl

1 TL Salz

Topping

Kotányi Bio Curry

Kurkuma

Pulver aus gefriergetrockneten Erdbeeren

1. Das Pflanzenöl in einem großen Topf über niedriger Hitze erwärmen. Das Salz und die Maiskörner dazugeben und vermengen.

2. Die gefriergetrockneten Erdbeeren mit einem Mixer zu einem Pulver mixen.

3. Den Topf mit geschlossenem Deckel vorsichtig schütteln. Sobald das Aufpoppen nachlässt, den Topf vom Herd nehmen. Das Popcorn in zwei Schüsseln aufteilen und mit dem jeweiligen Pulver vermengen.

Wassermelonen-Bowle

15 Minuten

1 Wassermelone
100 ml Holundersirup
1 l Mineralwasser
100 g Erdbeeren
½ Bund Minze
Saft von 2 Limetten
Eiswürfel

1. Die Wassermelone halbieren. Von einer Hälfte mit einem Ausstecher Kugeln formen, die andere Hälfte einfach mit einem Löffel aushöhlen.

2. Das Fruchtfleisch mit dem Wasser, dem Sirup und dem Limettensaft in einem Mixer mixen.

3. Die Eiswürfel in die Melonenhälfte geben.

4. Die Flüssigkeit mit Mineralwasser aufgießen und wieder in die Melonenhälften einfüllen.

5. Mit den Erdbeeren, den Melonenkugeln und der Minze garnieren.

Frozen Yogurt Bites

**10 Minuten
+ 12 Stunden Gefrieren**

450 g Naturjoghurt

40 g Staubzucker

Saft und Schale 1 Zitrone

50 g Erdbeeren

50 g Himbeeren

50 g Heidelbeeren

1. Das Naturjoghurt mit dem Zucker und der Zitrone verrühren. Das Joghurt nun auf ein Blech streichen und mit den Beeren und den Schokodrops bestreuen.

2. Nun wird das Blech eingefroren. Wenn das Joghurt komplett fest ist, kann man es in kleine Stücke brechen.

Tipp: einen Teil der Beeren mixen, unter das Joghurt heben und erst dann einfrieren.

Schinken-Wraps

15 Minuten

4 Tortillafladen

200 g Topfen

Gemischte Kräuter

200 g Berger Puten-Schinken

1 roter Paprika

Salz

Schwarzer Pfeffer aus der Mühle

1. Aus den Tortillafladen kleine Kreise ausstechen.

2. Den Topfen mit den Kräutern, Salz und Pfeffer vermischen. Den Paprika in feine Streifen schneiden.

3. Auf die ausgestochenen Kreise etwas Topfen geben und mit Schinken und Paprika belegen. Mit einem kleinen Stück Geschenkband oder Küchengarn die Kreise zu Tacos formen und zusammenbinden.

Minipizzen

30 Minuten

1 Packung Pizzateig

200 ml Passata

2 Knoblauchzehen

Basilikum

Olivenöl

Salz

Schwarzer Pfeffer aus der Mühle

100 g Berger Farmer Schinken

100 g Mozzarella

100 g Mais

5 Champignons

1. Für die Tomatensauce den Knoblauch schälen, fein hacken und in etwas Olivenöl anbraten. Mit Passata aufgießen und etwas einreduzieren lassen. Mit Salz, Pfeffer und gehacktem Basilikum würzen.

2. Den Ofen auf 200 Grad (Ober- und Unterhitze) vorheizen.

3. Den Pizzateig aus der Packung nehmen und Kreise ausstechen. Die kleinen Kreise mit etwas Tomatensauce bestreichen und mit Schinken, Mozzarella und Mais belegen.

4. Die Minipizzen im Ofen für circa 10 Minuten backen.

Tipp: Wer die Minipizzen vorbereiten möchte, belegt die Pizzen und friert sie ein. Wenn man sie braucht, backt man sie frisch im Ofen.

Mac 'n' Cheese Bites

1,5 Stunden

Besondere Utensilien:
Sillikonhalbkugelformen

25 g Butter

25 g Mehl

400 ml Milch

200 g Makkaroni

200 g Cheddar

Semmelbrösel

1. Die Butter in einem Topf schmelzen lassen, das Mehl zugeben und verrühren. Nun die Milch zugeben und köcheln lassen, bis die Milch eindickt.

2. In der Zwischenzeit die Makkaroni kochen und abseihen.

3. Den Käse in die Sauce geben und so lange rühren, bis er geschmolzen ist. Nun die Makkaroni unterheben. In kleine Förmchen füllen und in den Kühlschrank stellen. Aus den Formen nehmen und in Semmelbrösel wälzen. So kann die Masse aufgehoben werden, bis man sie benötigt.

4. Anschließend bei 220 Grad Ober- Unterhitze im Ofen goldbraun backen.

Schinken-Käse-Kipferl

40 Minuten

1 Packung Butter-Blätterteig

200 g Berger Wellness-Schinken

150 g Cheddar

½ Bund Petersilie

Salz

Schwarzer Pfeffer aus der Mühle

1 Dotter

Etwas Milch

1. Den Ofen auf 180 Grad Heißluft vorheizen.

2. Den Schinken in kleine Würfel schneiden. Den Cheddar reiben und die Petersilie hacken.

3. Alle Zutaten vermengen und mit Salz, Pfeffer und Paprikapulver abschmecken.

4. Den Blätterteig in Dreiecke schneiden, etwas Fülle darauf verteilen und einrollen. Auf ein Backblech legen und mit der verquirlten Ei-Milch-Mischung bestreichen.

5. Für circa 20 Minuten backen.

Süßes Soulfood

Oft genügt ein Löffel Zucker – und was bitter ist, wird süß. Wobei manche behaupten, dass Zucker keine Probleme löst. Aber das tun Äpfel auch nicht. Ich bin mir diesbezüglich bei den Rezepten auf den folgenden Seiten nicht so sicher – die Zimtschnecken haben mich schon in so manchen Krisenzeiten wertvoll unterstützt. Probiert es selbst! Ich möchte auf das süße Soulfood nicht verzichten.

Mousse au Chocolat

**6 Portionen | 15 Minuten
+ 4 Stunden Kühlung**

50 g Wiener Staubzucker

2 Eier

500 ml Schlagobers

200 g Schokolade (70 %)

1. Den Staubzucker und die Eier schaumig schlagen. Die Schokolade über Wasserbad schmelzen.

2. Die Schokolade unter die Eimasse heben. Das Obers cremig schlagen und vorsichtig unter die Masse heben.

3. Die Mousse in Gläser füllen und im Kühlschrank am besten über Nacht kalt stellen.

Tiramisu

**6 Portionen | 15 Minuten
+ 4 Stunden Kühlung**

4 Eidotter

2 Eiweiß

4 EL Wiener Staubzucker

500 g Mascarpone

2 Espressi

100 ml Rum

300 g Biskotten

Kakaopulver

1. Das Eigelb mit dem Zucker schaumig schlagen, die Mascarpone zugeben und so lange rühren, bis sie cremig ist. Mit etwas Rum aromatisieren. Das Eiweiß steif schlagen und dann vorsichtig unterheben.

2. Den Kaffee und den restlichen Rum in eine flache Schale füllen und die Biskotten darin kurz tränken.

3. In eine Form eine Schicht Biskotten legen und mit Creme bestreichen, diesen Vorgang mehrmals wiederholen und mit der Creme abschließen.

4. Das Tiramisu im Kühlschrank mehrere Stunden ziehen lassen und vor dem Servieren mit Kakaopulver bestreuen.

Erdnussbutter-Karamell-Schnitten

1 Blech | 50 Minuten

Für den Teig
175 g Mehl

125 g Butter

50 g Wiener Backzucker

Für die Fülle
100 g Butter

100 g Wiener Backzucker

200 g Kondensmilch

150 g Erdnussbutter

50 g gehackte Erdnüsse

5 g Salz

150 g Schokolade (70 %)

1. Den Backofen auf 180 Grad Ober- Unterhitze vorheizen.

2. Für den Teig das Mehl und den Zucker mischen. Die kalte Butter in Flocken zugeben und alles mit den Händen zu einem Teig kneten.

3. Den Teig ausrollen und auf ein Blech geben. Mit einer Gabel einstechen und circa 12 Minuten backen.

4. Inzwischen für das Karamell die Butter in einen Topf geben und schmelzen lassen. Den Zucker und nach Belieben das Salz zugeben und beides bei mittlerer Hitze einrühren, bis sich der Zucker vollständig gelöst hat und eine einheitliche braune Masse entsteht. Die Kondensmilch unter stetigem Rühren zugeben. Das Karamell weitere 3 bis 5 Minuten unter Rühren noch mehr karamellisieren lassen.

5. Das Karamell vom Herd nehmen und kurz über-kühlen lassen. Anschließend die Erdnussbutter und die gehackten Erdnüsse unterrühren. Die Masse nun auf den gebackenen Teig gießen und im Kühlschrank fest werden lassen.

6. Die Schokolade schmelzen und auf das Karamell gießen, mit Salz bestreuen und ebenso im Kühlschrank fest werden lassen. Wenn die Schokolade fest ist, den Kuchen in Schnitten schneiden.

7. Tipp: Am besten schmecken die Schnitten gekühlt.

Crème brulée

1. Die Dotter und den Zucker verrühren. Das Obers, die Milch und die Vanilleschote ebenfalls verrühren und mit der Dottermischung vermengen. Alles durch ein Sieb gießen und einige Stunden im Kühlschrank kalt stellen.

2. Die Masse in Schalen füllen und im Dampfgarer bei 80 Grad circa 30–35 Minuten garen.

3. Die Creme herausnehmen und komplett auskühlen lassen. Die Creme sollte nach dem Herausnehmen noch nicht ganz fest sein – das wird sie während des Auskühlens.

4. Kurz vor dem Servieren mit einem Sieb den Puderzucker über die Creme streuen und mit einem Bunsenbrenner flambieren.

Schokobiskuitroulade
mit Preiselbeeren

1 Roulade | 45 Minuten

4 Eier

80 g Wiener Bio-Staubzucker

60 g Mehl

20 g Maizena

2 EL Kakaopulver

1 Prise Salz

5 EL Preiselbeermarmelade

250 ml Schlagobers

1. Den Backofen auf 180 Grad Heißluft vorheizen.

2. Für den Teig die Eier trennen. Das Eiweiß mit Salz steif schlagen und die Hälfte des Zuckers einrieseln lassen.

3. Das Eigelb und den restlichen Zucker schaumig schlagen, das Mehl, das Maizena und das Kakaopulver sieben und abwechselnd mit dem Eischnee unter die Dotter heben.

4. Den Teig auf ein mit Backpapier belegtes Blech geben und circa 10 Minuten backen.

5. Ein Backpapier mit Zucker bestreuen, die fertige Roulade darauf stürzen und das Backpapier abziehen.

6. Sofort mit der Preiselbeermarmelade bestreichen und etwas auskühlen lassen.

7. Nun das Schlagobers steif schlagen und auf die Roulade streichen, einrollen und eine Stunde kalt stellen.

Zucker
BIO
STAUB

Schomlauer Nockerln

Somlói Galuska

**8 Portionen | 1 Stunde
+ 6 Stunden Kühlung**

4 Eier
120 g Mehl
120 g Wiener Backzucker
1 Päckchen Vanillezucker
1 EL Kakaopulver

Pudding
80 g Vanillepuddingpulver
40 g Wiener Backzucker
1 l Milch

Sirup
50 g Wiener Backzucker
6 cl Rum

Rumrosinen

Schokoladensauce

Schlagobers

1. Den Backofen auf 180 Grad Heißluft vorheizen.

2. Für den Biskuitteig die Eier, den Vanillezucker und den Zucker schaumig rühren und das Mehl unterheben.

3. Die Masse in zwei gleiche Teile teilen und in eine Hälfte des Teigs das Kakaopulver unterrühren.

4. Das helle und das dunkle Biskuit in Formen füllen und im Ofen backen.

5. In der Zwischenzeit aus den Puddingzutaten einen Pudding rühren.

6. Für den Sirup den Kristallzucker mit Rum zu einem Sirup kochen.

7. Die Biskuitmasse – abwechselnd hell und dunkel – in eine passende Schüssel schichten.

8. Jede Biskuitschicht mit Zuckersirup tränken, den Pudding darauf streichen und mit Rumrosinen bestreuen. Insgesamt sollen so vier Schichten Biskuit entstehen. Die Schüssel mit Klarsichtfolie abdecken und mindestens einen halben Tag ziehen lassen.

9. Zum Anrichten die Nockerln aus der Masse stechen, mit Schokoladensauce und Schlagobers garnieren und mit geriebenen Nüssen bestreuen.

Banoffee Pie

**1 Tarteform | 40 Minuten
+ 1,5 Stunden Kühlung**

Boden
250 g Butterkekse
125 g Butter, geschmolzen

Karamell
115 g Butter
115 g Wiener Puderzucker
400 g Kondensmilch

Topping
2 reife Bananen
400 ml Schlagobers
3 EL Wiener Puderzucker
Schokolade

1. Für den Boden die Butterkekse mit einem Mixer zu feinen Bröseln zerkleinern und nach und nach die geschmolzene Butter zugeben. Die Masse sollte nicht zu feucht sein.

2. Nun die Brösel in eine Tarteform (23 cm) pressen. Am besten funktioniert das mit einem Glas. Den Boden nun für mindestens 30 Minuten kalt stellen.

3. Für die Fülle die Butter schmelzen lassen und den Zucker zugeben und beides so lange rühren, bis sich der Zucker und die Butter gut verbinden. Jetzt die Kondensmilch zugeben und weitere 5 Minuten köcheln lassen, bis sie eine karamellige Farbe bekommt.

4. Die Masse nun auf den Keksboden geben und nochmals mindestens eine Stunde kalt stellen.

5. Die Bananen in Scheiben schneiden und auf dem Karamell verteilen.

6. Das Schlagobers mit dem Puderzucker steif schlagen und auf die Tarte geben. Nun mit etwas geriebener Schokolade garnieren.

Die besten Brownies

1 Form | 35 Minuten

290 g Butter

350 g Sugars of the World –
Brauner Rohzucker kristallin

5 Eier

190 g Schokolade (70 %)

150 g griffiges Mehl

15 g Kakaopulver

1 Päckchen Vanillezucker

150 g gehackte Schokolade

1. Den Backofen auf 190 Grad Heißluft vorheizen.

2. Die Butter leicht cremig schlagen. Den braunen Zucker, den Vanillezucker und die Eier zugeben und noch etwas weiterschlagen.

3. Die Schokolade über Wasserbad schmelzen lassen.

4. Das Mehl und das Kakaopulver gemeinsam sieben, damit es zu keinen Klümpchen kommt.

5. Die Schokolade und die Mehl-Kakao-Mischung nach und nach unter die Buttermasse heben. Anschließend die gehackte Schokolade unterheben.

6. Die Masse in eine mit Backpapier ausgelegte Form füllen und im Ofen circa 25 Minuten backen.

Produkttipp: Der Braune Rohrzucker wird aus 100 % Zuckerrohr hergestellt und besticht durch. seinen karamelligen Geschmack. Er ist auch mit dem FairTrade Gütesiegel ausgezeichnet. Es steht für faire Bezahlung, Einhaltung von Umweltstandarts und keine Ausbeutung von Kindern.

BRAUNER
ROHRZUCKER

Zimtschnecken

Teig

300 ml warme Milch

65 g Bio Wiener Kristallzucker

½ Würfel Germ

75 g zerlassene Butter,
abgekühlt

1 Ei

2 TL Salz

530 g Mehl

Füllung

65 g sehr weiche Butter

40 g Wiener Bio Kristallzucker

4 TL Zimt

1 Eigelb

2 TL Milch

Glasur

5 EL Wiener Staubzucker

Saft ½ Zitrone

1. Die Milch, den Zucker und den Germ in einer großen Rührschüssel mischen. Die Butter, das Ei, Salz und die Hälfte des Mehls mit dem Knethaken der Küchenmaschine unterrühren. Wenn alles gründlich vermengt ist, das restliche Mehl einrühren und alles zu einem glatten Teig kneten – das dauert rund 5 bis 7 Minuten.

2. Den Teig in eine saubere geölte Schüssel geben und zugedeckt bei Raumtemperatur etwa 1 Stunde auf das doppelte Volumen gehen lassen.

3. Den Teig nach dem Gehen kurz kneten, dann auf einer gut bemehlten Arbeitsfläche auf 45 x 60 Zentimeter ausrollen. Während des Ausrollens immer wieder die Arbeitsfläche und den Teig bemehlen.

4. Den ausgerollten Teig mit der weichen Butter bestreichen. Den Zucker und den Zimt vermengen und den Teig damit bestreuen. Den Teig von der kurzen Seite her aufrollen und die Rolle in rund 3 Zentimeter breite Stücke schneiden.

5. Die Zimtschnecken mit etwas Abstand zueinander in eine ausgefettete Form (circa 23 x 33 Zentimeter) legen.

6. Die Zimtschnecken noch einmal zugedeckt bei Raumtemperatur gehen lassen, bis sie deutlich aufgegangen sind – das dauert rund eine halbe bis 1 Stunde.

7. Das Eigelb mit der Milch verrühren und die Zimtschnecken damit bestreichen.

8. Bei 170 Grad (Heißluft) im vorgeheizten Ofen circa 15 bis 20 Minuten goldbraun backen. In der Zwischenzeit den Staubzucker mit dem Zitronensaft verrühren. Die Schnecken aus dem Ofen nehmen, etwas auskühlen lassen und anschließend mit der Glasur bestreichen.

WIENER
ZUCKER
BIO
KRISTALL
ZUCKER

Heidelbeer-Tassenkuchen

1 Portion | 5 Minuten

30 g Butter (circa eine
1-cm-Scheibe)

1 mittelgroßes Ei

1 ½ EL Wiener Braunzucker

2 EL Weizenmehl

2 EL gemahlene Mandeln oder
2 EL Mehl zusätzlich

¼ TL Backpulver

1 EL Obers oder Milch

1 EL Heidelbeeren

1. Die Butter in Stückchen bei circa 300 Watt etwa 30 Sekunden in der Mikrowelle schmelzen lassen.

2. Das Ei mit dem Zucker in der Tasse circa 1 Minute kräftig aufschlagen, zum Beispiel mit einer Gabel oder einem Minischneebesen.

3. Das Mehl, die Mandeln, das Backpulver und die Milch mit der Butter dazugeben und alles kurz unterrühren.

4. Einige Beeren mit in den Teig geben und den Tassenkuchen mit Beeren dekorieren.

5. Den Tassenkuchen bei 800 Watt (beziehungsweise auf der höchsten Stufe) circa 1,5 Minuten in der Mikrowelle „backen". Die Zeit kann je nach Gerät und Leistung etwas variieren.

Index

- Vegetarische Gerichte (Süßspeisen ausgenommen)

1. Auflage

Rezepte und Texte:	Martina Hohenlohe
Cover:	Ela Angerer, www.elaangerer.com, www.elaangerer-fotografie.com
Rezeptfotos:	Sophie Wurnig, B. A.
Foodstyling und Produktion:	Benedikt Brunmayr
Grafische Gestaltung:	Sophie Wurnig, B. A.
Lektorat:	Das Textatelier, Mag. Sandra Bak, www.das-textatelier.at
Repro und Druck:	Druck Styria GmbH & Co. KG, www.printgroupstyria.com
Redaktion:	Benedikt Brunmayr
Kooperationen:	Oliver Gattringer, M. A. oliver.gattringer@gaultmillau.at
	Josef Jungmann, josef.jungmann@gaultmillau.at
Weitere Fotos:	Ela Angerer, www.elaangerer.com, www.elaangerer-fotografie.com (Vorwort)
	S. 4 unten: Stefan Donat
	S. 2: Micolas/shutterstock.com
	S. 10: Irati Ventoso Cenzano/shutterstock.com
	S. 30: VH-studio/shutterstock.com
	S. 62: dreamerve/shutterstock.com
	S. 80: mythja/shutterstock.com
	S. 102: Sabelnikova Olga/shutterstock.com
	S. 124: Varavin88/shutterstock.com
	S. 146: BlueOrange Studio/shutterstock.com
	S. 166: Irina Meliukh/shutterstock.com
Illustrationen:	Weingläser: imaagio.stock/shutterstock.com
	Bier: mentalmind/shutterstock.com

© 2023 by

Strohgasse 21A, 1030 Wien

Telefon: +43 1 7124384-28

E-Mail: benedikt.brunmayr@gaultmillau.at

www.martinahohenlohe.com

ISBN: 978-3-9519970-0-1